U0587222

名师名校名校长

凝聚名师共识
回应名师关怀
打造名师品牌
培育名师群体

　　　　　程晓远题

名师名校名校长书系

智慧教学
臻美课堂

吴申道／著

民主与建设出版社

·北京·

图书在版编目（CIP）数据

智慧教学　臻美课堂 / 吴申道著. — 北京：民主
与建设出版社，2019.7
ISBN 978-7-5139-2530-3

Ⅰ.①智… Ⅱ.①吴… Ⅲ.①美育—教学研究—中学
Ⅳ.①G633.950.2

中国版本图书馆CIP数据核字（2019）第131251号

智慧教学　臻美课堂
ZHIHUI JIAOXUE　ZHENMEI KETANG

出　版　人	李声笑
著　　　者	吴申道
责任编辑	刘　芳
封面设计	姜　龙
出版发行	民主与建设出版社有限责任公司
电　　话	（010）59417747　59419778
社　　址	北京市海淀区西三环中路10号望海楼E座7层
邮　　编	100142
印　　刷	北京虎彩文化传播有限公司
版　　次	2022年6月第1版
印　　次	2022年6月第1次印刷
开　　本	710 毫米×1000 毫米　1/16
印　　张	13.5
字　　数	243千字
书　　号	ISBN 978-7-5139-2530-3
定　　价	45.00 元

注：如有印、装质量问题，请与出版社联系。

自新中国建立以来，早在"七五"计划中，中央就明确规定我国的教育方针是"各级各类学校都要认真贯彻执行德智体美全面发展的方针……培养德智体美全面发展的人。"党的十八届三中全会报告（第42条，2014年11月）指出"改进美育教学，提高学生审美与人文素质"，明确地提出美育，充分体现了中央对美育在育人中的作用极为重视。2015年9月28日，国务院颁发的文件《关于加强和改进学校美育的意见》更是详细地指出："美育是审美教育，也是情操教育和心灵教育，不仅能提升人的审美素养，还能潜移默化地影响人的情感、趣味、气质、胸襟，激励人的精神，温润人的心灵。美育与德育、智育、体育相辅相成、相互促进。"

教育的目的，就是培养具有良好思想道德素质和科学文化素质的人才，也就是德智体美全面和谐发展的人。美育的根本任务是帮助青少年树立正确的审美观念，培养高尚的审美情操，提高人们对美的感受、鉴赏和创造能力，使人们的思想感情有所升华。在学校教育中，美育作为教育内容的重要组成部分，不仅渗透到学科的课堂教学、校园文化、课外活动之中，而且与其高度融合，与德育、智育、体育等密切联系、互相作用、相辅相成。我们根据安徽省教育厅皖教秘〔2015〕528号文件《关于转发教育部体卫艺司商情申报2015年度体育美育研究专项任务的函》的指示精神，致力于理解并贯彻教育部《关于全面加强和改进学校美育工作的意见》的核心理念，着眼于当前学校美育工作中的重点、难点、热点问题，注重实效性和前瞻性，努力把握教育改革发展大局。为此我们开展了一项课题研究。下面简述我们立项时的"初心"和认识。

一、课题研究的现状和政策要求

近年来，我市在各级教育主管部门和各级各类学校的共同努力下，学校的美育工作取得了较大进展，多种形式的美育活动对提高我市学生的审美与人文素养、促进学生的全面发展发挥了重要作用。但总体上看，美育仍是我市整个教育事业中的薄弱环节，主要表现在一些地方和学校对美育育人功能认识不到位，重应试轻素养、重少数轻全体、重比赛轻普及，应付、挤占、停上美育课的现象仍然存在；美育在课堂教学、校园文化以及课外活动中的渗透和融合严重不足；资源配置不达标，师资队伍仍然缺额较大，缺乏统筹整合的协同推进机制。而教育部发出《关于全面加强和改进学校美育工作的意见》（简称《意见》），明确提出了这样的要求："2015年起全面加强和改进学校美育工作。到2018年，取得突破性进展，美育资源配置逐步优化，管理机制进一步完善，各级各类学校开齐开足美育课程。到2020年，初步形成大中小幼美育相互衔接、课堂教学和课外活动相互结合、普及教育与专业教育相互促进、学校美育和社会家庭美育相互联系的具有中国特色的现代化美育体系。"对照《意见》，我们觉得时间紧迫，任重道远。

二、课题研究的责任担当和现实使命

1. 突破当前中小学美育的困境

日常学校的教育教学管理中，大家对美育工作的重要性都有着高度的认识：美育是审美教育，也是情操教育和心灵教育，不仅能提升人的审美素养，还能潜移默化地影响人的情感、趣味、气质、胸襟，激励人的精神，温润人的心灵。但由于种种原因，美育在整个教育工作中处于薄弱的环节，远远不能适应时代与学生的要求。这是由于长期以来在应试教育和教育功利性的思想影响下，美育一直没有受到应有的重视。更严重的是，直到现在，在一些教育部门领导和各级学校中，还有许多人对美育的重要意义、美育的独特功能认识不足，甚至缺乏应有的认识。本课题从课题研究层面讲，是从课题教学、校园文化、学生活动等着手，进行美育渗透和融合的调查和实践；从教育生活化理念层面讲，是实践学生为营造美好校园教育而进行的创造美和享受美的文化过程。课题的提出显然具有一定的创新性和先进性。

2. 满足中小学美育的实际需求

（1）广泛、深入地了解一线教育工作者在学校内外从事美育活动的形式和内容，宣传其重要意义以及美育的方针、任务，呼吁全社会都来关心、支持艺术等美育工作。

（2）扩大宣传美育在学科教育、课外活动以及校园文化中的影响，引领中小学教育管理者，开创美育的新途径、新方式和新举措。

（3）进一步提高学校对美育和校园文化活动的重视程度，研究具有可操作性的美育方案，真正形成一个美育繁荣的良好局面，从而造就一批美育示范学校，培养出一批具有美育精神的合格人才。

（4）锻造一支美育研究和美育督导专家队伍，使美育在今后的课堂教学、课外活动和校园文化中进行渗透、融合。

三、本课题研究的理论基础和主要目标

1. 政策方针和理论指导

近代教育家蔡元培先生在《对于教育方针之意见》中以人体为喻，提出了"五育"并重，融合发展的思想。他指出："军国民主义者，筋骨也，用以自卫；实利主义者，胃肠也，用以营养；公民道德者，呼吸机循环机也，周贯全体；美育者，神经系也，所以传导；世界观者，心理作用也，附丽于神经系，而无迹象之可求。"其中他还特别提出"文化运动不要忘记美育"。

我国现阶段的教育方针仍然强调受教育者应当德智体美劳全面发展。1999年6月，中共中央、国务院召开的全国教育工作会议颁布的《关于深化教育改革全面推进素质教育的决定》中指出："美育不仅能陶冶情操，提高素养，而且有助于开发智力，对于促进学生全面发展具有不可替代的作用。要尽快改变学校美育工作薄弱的状况，将美育融入学校教育的全过程。"文件既明确了美育在实施素质教育中的地位和作用，又指出了美育实施的途径，强调美育是深化教育改革、全面推进素质教育的必然要求。

国务院原副总理指出："美育不仅是人类认识世界、改造世界的重要手段，也是实现人类自身美化、完善人格塑造的重要途径。美育有着独特的功能

和作用，这是其他教育所无法替代的。培养、提高人的素质，最根本的问题是要提升人的精神境界。美育的最终意义，就在于人的情感得到陶冶，思想得到净化，品格得到完善，从而使身心得到和谐发展，精神境界得到升华，自身得到美化。"可见，美育是对青少年进行全面素质教育的重要内容，不仅能培养学生健康的审美情趣和审美能力，同时能促进其全面和谐的发展。

联合国教科文组织发表的权威性报告《学会生存》中认为："应该把培养人的自我生存能力，促进人的个性的全面和谐发展，作为当代教育的基本宗旨。"而校园文化正是以环境的塑造力给这些学子提供这样一个感受美、创造美、经历美的氛围，校园文化的美育功能无疑在这一点上是最具有优势的。

2. 对目前国内美育著作阅读的感受

目前，教育界对教育美学的研究已经取得了一定的进展，出现了一些比较系统的理论方面的专著。如青年学者叶学良在1989年撰写了一部我国先期的教育美学专著——《教育美学》；江西师范大学的何齐宗在其专著《教育美学》中对教学美学的中心问题——"教育美"进行了一定程度的探讨；还有《教育美学导论》（钟以俊、焦凤君，1991）、《教育美学》（崔光审、林逢祺，2000）和一些分学科的美学专著，如《课堂美学初探》（周继尧，1989）等。但是来自鲜活实践的行为研究比较欠缺，也缺少针对中小学课堂教学中的各学科渗透与融合的实例，缺少相关校园文化和学生社团方面的美育校本课程的设计。而这正是我们的课题的一些成果，显然，本课题具有一定的创新性和先进性。

3. 课题研究的主要目标

本课题的主要目标是加强美育的渗透与融合。

将美育贯穿在学校教育的全过程，渗透在各个学科之中。加强美育与德育、智育、体育相融合，与各学科教学和社会实践活动相结合。挖掘不同学科所蕴含的美育资源，充分发挥语文、历史等人文学科的美育功能，深入挖掘数学、物理等自然学科中的美育价值。大力开展以美育为主题的跨学科教育教学和课外校外实践活动，将相关学科的美育内容有机整合，发挥各个学科教师的优势，围绕美育目标，形成课堂教学、课外活动、校园文化的育人合力。

具体说来，可细分为以下几个微目标：

（1）挖掘课堂教学、课外活动、校园文化建设等方面的美点所在，归类梳理。无论什么学科教材，都蕴含着美的教学内容。美术的画面美往往可以迷醉人眼，音乐的旋律美经常环绕人心，体育那力与美的交融更令人惊叹，语文课中那丰满、典型的艺术形象，深远、清新的意境，丰富、生动的语言，完整、独特的结构，娴熟、巧妙的艺术手法……无不闪烁着真善美的光辉。而数学简直就是一个美的集合：数的美，形的美，式子的美，比例的美，对称的美，结构的美，和谐的美……几乎处处都充满着美。教师只有在备课时寻找出各科教材中的美点，才能根据这些美点反映的美的性质，确定课堂实施美育的角度与目标。

（2）分析课堂教学、课外活动、校园文化建设等方面的美点异同，实施渗透。对于挖掘出来的教材美点，教师要发挥好美育的主导作用，在课堂中精辟分析美点，引导学生进行审美活动，学生一旦感受出美，心理上就会产生一种难以言状的快感，一份美的享受。

（3）融合课堂教学、课外活动、校园文化建设等方面的美点元素，培养能力。教师通过分析教材中的美点，引导学生进入美的境界，产生美的情感，得到美的享受，掌握一些美学知识，还要具有发现美、表达美的能力和技巧。这要求教师在教学中，以教材中的美点为例，向学生讲清楚美的特征和表现形式，使学生掌握发现、辨识、表达各种美的常识。

（4）构建课堂教学、课外活动、校园文化建设等方面的审美体系，化育人心。不同的学科，进行不同的美育渗透，学生获得的美学知识必然是零散的，这要求教师在教学一个阶段之后，指导学生进行归纳总结，使单科的美点连成线，使各科的美点汇成流，学生在连点汇流的过程中，比较系统地体验不同的美感。在总结归纳各类美的特点时，教师还通过介绍一些美学知识，让学生掌握一些美学常识和审美原则。

四、课题研究核心概念的界定

什么是美育？

我们百度了"美育"的概念，是这样的："培养学生健康的审美观，发展学生鉴赏美和创造美的能力的教育，也称审美教育或美感教育。"美育要通过各种艺术以及自然界和社会生活中美好的事物来进行。美育主要包括艺术美、自然美、技术美、旅游美——艺术美是指各种艺术作品所显现的美；自然美是指各种自然事物呈现的美，它是社会性与自然性的统一；技术美是人类活动的精神结晶，它是工业时代的产物；旅游美是游客在旅游活动中创生出来的一种美及美感。

　　然而，我们更愿意接受赵伶俐教授的关于"美育"的解释，本课题对美育的概念的界定就是：美育是有目的、有计划、有组织地，通过各种美的事物，培养学生的审美欣赏、审美表现、审美创造能力（审美素质），同时促进他们德智体美劳等素质全面发展（人文素质和科学素质）的教育。即首先提高学生的审美素质包括艺术审美素质，同时促进其他素质的协调发展。（赵伶俐，1996）简而言之，美育是使人格和谐发展的教育。

　　"渗透和融合"指将所有的教育中的美的因素（内容、方法、手段、评价、环境）转化为可传输的因子，使整个课堂教学、课外活动、校园文化建设等方面的美点教育行为都成为内在逻辑美和外在形式美高度和谐统一、静态和动态和谐统一的整体，从而大幅度提高教育濡染熏陶的效率，使师生都充分获得身心发展与愉悦的一种教育思想、实践方式和操作模式。

　　"加强美育对课堂教学、校园文化、课外活动等方面的渗透和融合"意思有三层：①培养学生在课堂教学、校园文化、课外活动中充分感受现实美和艺术美的能力。要求在培养他们敏锐的感觉能力的同时，发展他们高尚的审美情感；还要求培养学生审美的比较及分析能力，以区别真善美与假丑恶；培养他们的审美想象和联想能力，以掌握艺术形象。②使学生在课堂教学、校园文化、课外活动中具有正确理解和善于欣赏现实美和艺术美的知识与能力；形成他们对于美和艺术的爱好。让学生分析和评价艺术作品和社会上的美好事物，以培养他们审美的能力；培养他们爱美的情感，抵制各种精神污染。③培养和发展学生在课堂教学、校园文化、课外活动中创造现实美和艺术美的才能和兴趣。使学生学会按照美的法则建设生活，养成美化环境以及生活的能力和习惯。

五、项目研究的主要内容

（1）本课题选择的是教育实践中出现的问题。从大的层面讲，也就是说社会发展变化会对教育提出新问题。依据国务院办公厅出台的《关于全面加强和改进学校美育工作的意见》，遵循美育特点和学生成长规律，以美育人、以文化人，在整体推进各级各类学校美育发展的基础上，重点解决基础教育阶段美育存在的突出问题研究。本项目就是针对这类问题，借助心理学或教育学的理论来分析和解决这些问题，不仅有助于理论的发展，更重要的是直接解决了教育问题，提高了教育质量。

（2）从美育实践的成功经验中提出研究问题。本课题还侧重从一线学校美育成功的案例中，提炼出一套针对中小学校美育比较成功的经验，挖掘不同学科所蕴含的丰富的美育资源，充分发挥学科课程、课外活动等的美育功能，深入挖掘人文、自然等学科中的美育价值。总结、筛选、提炼美育实践的成功经验，力求能在推广中行之有效。要想让美育贯穿于学校教育的全过程，要从广度和深度中寻找渗透在各个学科间的共性和特点，不断加强中小学美育与德育、智育、体育相融合，积极开拓与中小学各学科教学和实践活动相结合的渠道和路径。

（3）从课堂内外和校园文化建设中寻找美育的契机和规律。从中学文史类和自然科学类课堂教学中探索美育的元素，注重学科渗透，融合美育在校园文化建设中的独特作用，力求推广更多的研究成果。研究美育与德育、智育、体育相辅相成、相互促进的模式；探索美育与校园文化建设融合的原则与规律。

（4）从美育理论的应用中找寻研究立德树人的精髓。开展以美育为主题的跨学科教育教学和课外校外实践活动，将相关学科的美育内容有机整合，发挥各个学科教师的优势，围绕美育目标，形成课堂教学、课外活动、校园文化的育人合力。例如，全市举行的爱国主义案例中，我们可以用来分析美育在其中的渗透因素，研究美育校本教材编写的原则，并依据它来制订教学计划，使美育的渗透和融合转化为可以实用的教学行为；在中小学各个学科加以渗透和融合，我们还从多角度对学生的美育发展进行个案研究。通过这种实践研究，提炼出相关的开发性的研究成果，有利于教学工作的开展。

　　三年倏忽而过，在美育研究过程中，我们的学术论文、行动记录、课例欣赏以及美育活动丰富多彩。我们也总想以我们的能力编著相关教材以供分享。忙来忙去，总算能构成一本书，聊以自慰。本书呈现出来的是我在课题组影响下，在课题研究过程中的理解和全部的科研心得。在学术层面和实践操作层面上，限于我们的理论基础和实践能力，难免挂一漏万，谨呈一己之见，以求教于大家。

吴申道
2018年11月

目录
CONTENTS

第四章

美育的渗透：音乐与美术学科

第五章

美育的渗透：语文学科

第六章

美育的渗透：数学学科

第七章

美育的渗透：物理学科

第八章

美育的渗透：体育学科

美育，这是一个仁者见仁、智者见智的问题。

音乐老师认为韵律之美的体验是美育，

体育老师认为运动之美的感受是美育，

数学老师认为数字之美的领悟是美育，

语文老师认为文字之美的感悟是美育，

生物老师认为生命之美的探索是美育，

物理老师认为万物原理的研究是美育……

在每一位教师的心中，在每一个人的心中，对于美育都有自己的看法，也有自己的见解。一千个读者心中有一千个哈姆雷特，一千位教师心中对于美育就有一千种观点和看法，然而我们眼里的美育是这样的：

美育是一种美好的教育，让学生发现美，认识美，感受美，欣赏美，创造美。美育，是人性美好的教育与培养。

第一章　我们所理解的美育

第一节 让美育走近我们

一、美育从远古走来

自古以来，中外诸多教育家、哲学家、美学家都十分重视美育。

美育思想可以追溯到很早的年代。全世界的各种艺术活动本身就是美育活动，古希腊思想家柏拉图和亚里士多德都十分重视美育，对美育的任务和作用都有过精辟论述：柏拉图的教育思想特别强调用音乐陶冶心灵；亚里士多德进一步扩展了柏拉图的美育思想，在《政治学》中提出："音乐应该学习，并不是为着一个目的，而是同时为着几个目的，那就是教育、净化、精神享受，也就是紧张劳动后的安静和休息。我们要达到教育的目的，就应该选用伦理的乐调……"

我国古代的思想家、教育家同样也十分重视美育。春秋时期，孔子总结前人教育经验，把"乐"列为"六艺"（礼、乐、射、御、书、数）之一教授学生，"乐"就是专门的美育课程。孔子认为"乐"可以陶冶人的心性，这与柏拉图和亚里士多德的思想颇为接近。

但是，一直以来"美育"是混沌的，"美育"这个词是在18世纪才浴血诞生的。

"美育"概念的提出，席勒是首创："人们为了在经验中解决政治问题，就必须通过美育的途径，因为正是通过美育，人们才可以走向自由。"（《审美教育书简》）。

在席勒那里，美育即审美教育，也称美感教育，它是培育新人和变革社会的有力手段。席勒在《审美教育书简》中构筑了一个相对完备而新颖的美育理论体系。这个美育理论体系的核心是"把美的问题放在自由的问题之前"，其实质是一种现代存在论美学的初始形态，预示着现代美学由认识论发展到存在论的必然趋势，直接影响到后世。

美育的乳名，席勒将其定为"自由"。他认为，在现实生活中存在着力量的王国和法则的王国。在力量的王国里，人与人以力相遇，其活动受到限制；在法则的王国中，人与人以法则的威严相对峙，其意志受到束缚；只有在审美的王国中，人与人才以自由游戏的方式相处。因此，"通过自由去给予自由，这就是审美王国的基本法律。"

我国著名思想家、教育家蔡元培先生说："美育者，应用美学之理论于教育，以陶养感情为目的者也。"

蔡元培先生主张通过提高美育来陶冶人的情操，培养人高尚纯洁的习惯，并以此论为基础，提出了"以美育代宗教说"。

而王国维先生的"美育即情育"论，即美育"使人的感情发达，以达完美之域"更是精粹之谈。

二、让美育做一个自我介绍

美育作为一种教育形式，它何以能够存在？何以能够具有独立的品格？这显然和美育本身的特点密切相关。

我是"美育"，下面是我的四大品格特性。

1. 情感性是美育的前额堂堂

"美育"一词是从德语"asthetiche erziehung"或英语"aesthetic education"翻译过来的，其中"asthetiche"和"aesthetic"的本义是感性的、情感的，这就是说，"美育"的本来含义是感性、情感的教育。所谓情感不仅是指美育主要以情感为中介，通过诉诸人的情感来进行，而且也是指美育具有激发情感、以情动人、陶情养性的重要作用。在审美教育中，情感并非仅仅表现为一种单纯的手段，它还是美育的直接目的之一。如果审美教育不能开启人的情感大门，不能引起人的情感的激动，就不可能真正实现美育的目的。而在美育中，人的情感一旦被激发、活跃起来，就不仅会在受教者心灵中吹起一种新的力量，使他如入云烟中而为其所烘，如近朱墨处而为其所染，而且会使受教者留下持久而深刻的印象。

2. 趣味性是美育的小嘴嘟嘟

在西方，作为美学概念的"趣味"（德文Geschmack，英文Taste）一直具有审美鉴赏力的含义，意指一种辨别、选择、判断与享受审美对象的能力。朱光潜先生曾指出"从罗马时代开始，西方一向把审美能力称为趣味"，特别是在十七八世纪，西方人谈"趣味"几乎成为风尚。概括起来，这个美学概念有两方面的含义：一方面指审美的偏爱或风尚；另一方面指审美能力。审美活动的情感性决定美育区别于其他教育形式的根本之点在于美育必须组织受教者参与并投入审美活动，通过审美活动获得教益。审美活动常常借助于意象，通过调动、激发受教者自身的直觉、情感、想象等非生理性因素来达到使受教者提升精神的目的，这同知识、道德等教育可以通过施教者灌输和传授来完成有很大的区别。

3. 过程性是美育的线条曼曼

过程性是指美育在审美教育过程的其他目的与功用。美育的根本目的就是要培养受教者健康的审美理想与情趣，提高其审美素质和精神境界。美育的价值和意义都体现在过程当中，而很少直接体现于功利性和标准化的结果。美育的这一特点也是导致美育不受重视的原因之一。在一个功利性非常强的社会，美育的价值难以用定量标准来衡量。

4. 全面性是美育的香风习习

智育、德育、体育只是对人的某一方面发生作用，只是培养人某一方面的能力和素质。美育不是单纯的知识传授，也不专指艺术技巧的教育，而是以自觉的、潜移默化的方式，对人的整体生活态度与人生观念的培养产生影响，其最终的目的就是为了造就一种健康人格。美育以其形象、直观、和谐、有趣的施教方式，从整体上体现出对其他教育行为积极的补充作用，且美育在时空上灵活自由，随受教者的个体差异而表现出多样的风貌。

第二节　中国美育的诞生成长

一、人格道德是古代中国美育的基因

中国的美育传统具有"儒道互补"的特点。儒家美育强调个体和社会的和谐，旨在培养人们的伦理道德。道家美育则强调个体的自由，使人达到超脱的精神境界。由此一来，两种美育思想相互制约、相互贯通。

由于中国古代是一个封闭式的农业社会，封建势力过于强大，在漫长的中国古代审美教育的历程中，儒家美育还是占据了主流地位。而儒家美育的代表人物孔子，他的美育思想则能典型地反映中国古代美育思想的总体特点。"仁"是孔子文化哲学的本体范畴，他把"仁者爱人"作为评判人格美的最高准则。孔子有许多关于"仁"的解释。

颜渊问仁。子曰："克己复礼为仁。一日克己复礼，天下归仁焉。为仁由己，而由人乎哉？"子曰："里仁为美。"

樊迟问仁。子曰："爱人。"

在孔子的观点中，美和善是统一的。美应服从善，如离开了善，美也就不复存在了。孔子十分赞赏传说中虞舜时代的《韶》乐，因为它"尽美尽善"；而对歌颂周武王的《武》乐，他则认为虽"尽美"而未能"尽善"。"子谓《韶》尽美矣，又尽善也。谓《武》尽美矣，未尽善也。"

据载孔子"在齐闻《韶》，三月不知肉味"，赞叹说，想不到竟达到这样高的境界。在孔子看来，"善"指思想内容，"美"指艺术形式。如果只有好的形式，却缺乏高尚的内容，是不能达到美的最高标准的。由此引申至孔子对人的培养，子曰："质胜文则野，文胜质则史。文质彬彬，然后君子。"意思是既要重视思想品德美的修养，又要注意文采美的学习以及言语行为风度美的培养。二者达到完美的和谐统一，才是理想的完人——彬彬君子。孔子坚持质文并重，同时认为"质"（内容）比"文"（形式）应当更重要。

有些国外学者认为，西方人和中国人的美学思想，有一个根本不同的地方，那就是西方人看重美，中国人则看重品。例如，西方人喜欢玫瑰，因为它看起来美，中国人喜欢兰花、竹子，并不是因为它们看起来美，而是因为它们有品，它们是人格道德的象征，是某种精神品格的表现。

所以一定程度上，在中国古代美育思想中，美几乎等于善，美育的根本任务在于养成人良好的道德。这一点对于当代美育颇具借鉴价值。

二、艺术美和自然美是中国美育成长的土壤

中国古代的审美教育主要不是通过学校进行的。古代的先贤们讲文学、讲艺术、讲审美，大都从教育的角度出发，强调文学艺术的社会功能和教育作用，强调审美活动对提高人性素质和完善人格修养的巨大意义。将文学艺术与教育实践紧密结合起来，这是中国古代美育思想的突出特点。可以这么说，一部中国古代美学史就是一部中国古代美育思想史。

中国古代美育史，是从先秦时代提倡制礼作乐开始的。在先民看来，制礼作乐不是社会生活中的区区小事，而是攸关国家兴亡、民族命运、君臣父子地位的头等大事。因此，先秦时代的儒家一再宣扬礼乐的美育作用。

《礼记·文王世子》指出"礼乐"是教育的必修课。"凡三王教世子，必以礼乐。乐所以修内也，礼所以修外也。"就是说，乐能够使内在精神得到修养，礼能够使外在行为得到规范。孔子有一句名言"兴于诗，立于礼，成于乐。"其中，"兴于诗"是说，要成为一个仁人君子，首先要学诗，诗是一种艺术品，学诗不仅可以获得各种知识，还可以陶冶情操。除学诗外，仁人君子修身最后要完成的是"成于乐"，即通过音乐，也就是广义的艺术学习完成一个人的修身，成为一个完全的人。

在古代教育科目"六艺"（礼、乐、射、御、书、数）中，礼乐也在前列。可见，古人对乐是相当重视的。《乐记》更是集中体现了先秦艺术美育思想的精华。《乐记》的"乐"，泛指包括音乐在内的艺术。《乐记》中有一段话阐述了艺术美育的特点："德者，性之端也。乐者，德之华也。金石丝竹，乐之器也。诗，言其老也。歌，咏其声也。舞，动其容也。三者本于心，然后

乐器从之。是故情深而文明，气盛而化神，和顺积中，而英华发外，唯乐不可以伪。"诗、歌、舞、乐四者，"乐"为代表。以情动人，净化人心，使人生臻于真善美的境界，这只有"乐"能够办到，只有艺术美育能够办到。

同样，我们从古代其他的文学作品、艺术作品以及艺术家的某些观点中也能找到运用艺术进行美育的规律。

南北朝和隋唐时代的佛教壁画、雕塑，既透出超绝凡尘的智慧和精神，又流露出关怀现世的人情和爱心。宋、元、明、清的戏曲如《窦娥冤》《西厢记》《牡丹亭》等之所以脍炙人口，不仅是因为艺术美的精彩动人，更是由于融进了人物宏伟的抱负、美好的憧憬，体现了当时市民的人生理想、社会发展规律。古代散文中，唐代刘禹锡的《陋室铭》，宋代周敦颐的《爱莲说》，寓理于情，清丽可诵。前者表达了作者安贫乐道、洁身自好的情感，后者表达了作者不慕富贵、不与世俗同流合污的高尚情操。这些情理交融的艺术作品，使人在美的享受中得到精神的升华，是中国古代运用艺术进行美育的典范。

自然美的审美教育形式主要是"比德"和"畅神"。

"比德说"是春秋战国时期出现的一种自然美观点，基本意思是自然物象之所以美，在于它作为审美客体可以与审美主体"比德"，亦即从中可以感受或意味到某种人格美。在这里，"比德"之"德"是指伦理道德或精神品德，"比"意指象征或比拟。"比德说"的基本特点是将自然物的某些特征比附于人们的某种道德情操，使自然物的自然属性人格化，人的道德品性客观化，其实质是认为自然美美在它所比附的道德伦理品格，自然物的美丑及其程度，不是决定于它自身的价值，而是决定于其所比附的道德情操的价值。

孔子说："智者乐水，仁者乐山。""岁寒，然后知松柏之后凋也。""夫玉者，君子比德焉。温润而泽，仁也；栗而理，知也；坚刚而不屈，义也。"这些都论证了自然美对人的熏陶作用。孟子在审美教育的实践中，也重视并发展了孔子的自然美育思想，他说："孔子登东山而小鲁，登泰山而小天下，故观于海者难为水，游于圣人之门者难为言。观水有术，必观其澜。日月有明，容光必照焉。流水之为物也，不盈科不行，君子之志于道也，不成章不达。"更是从审美主体与自然物象的关系来论证了自然美在教育方面的意义。

与"比德说"相辅相成的还有"畅神说"。"畅神说"是晋宋以后产生并在自然审美观中占主导地位的审美观念。"当魏晋时期儒家思想体系一解体，人们的精神从汉代儒教礼法的统治下挣脱出来之后，把自然美看作是人们抒发情感、陶冶性情对象的'畅神'，自然审美观也就应运而生了"，其实质是把自然山水看作是独立的观赏对象，强调自然美可以使欣赏者的情感得到抒发和满足，亦即可以"畅神"，如唐代陈子昂的《登幽州台歌》"前不见古人，后不见来者。念天地之悠悠，独怆然而涕下。"我们在玩味这荡气回肠的诗句时，不难发现诗人流露出的宇宙感、历史感和人生感。再审视不管是王之涣的《登鹳雀楼》、王羲之的《兰亭集序》，还是王勃的《滕王阁序》等，都是在艺术意境中包含着自然美的魅力以及与之融合的作者所要表达的人生体悟。

"构成自然界的美是使我们想起人或者暗示人格的东西，自然界美的事物，只有为人的一种暗示才有美的意义"。自然美育是中国古代美育一个重要的组成部分。因为人本来就是自然的一员，人自身的完善与美化，离不开自然生态环境的客观条件。自然美育处处有中国哲学的影子，蕴含着"天人合一"的理论基础，闪耀着美的光辉，对当代美育需重视环境教育有重要启示。

三、感受和领悟是中国美育的运动细胞

中国古代审美教育强调善的追求，礼的认知，然而这种追求和认知主要不是通过概念、分析、推理进行，而是通过感受和领悟来进行的。

感受，是对审美对象深刻的体验领悟，是对审美对象内心的直觉。中国古代的艺术教育实际上是一种境界教育。如果说入门时尚有技法可以凭恃，但达到更高艺境时，往往表现出极大的自由性。这种境界教育非常重视对人的悟性的开发。悟性是艺术境界提升中最为内在、最为本质的因素，它是人的灵性和智慧的充分展示。

这种对艺术的领悟可分为以下两种。

1. 水到渠成式的渐悟

郑板桥是清代著名的画家，扬州八怪之首，以其画竹风神萧朗而闻名于世。他曾以诗总结其几十年的画竹经验。他说："四十年来画竹枝，日间挥洒夜间思，冗繁就简留清瘦，画到生时是熟时。"正是经过了几十年的昼作夜思，才使他终于悟出了由熟入生，画竹简练疏朗的清峻极境。

2. 偶然的顿悟

古人强调艺术教育"出之无法"，境界的提高亦要靠人的超人觉悟力与偶然的机缘，这样的事例十分多。唐代大书法家张旭，草书出神入化，号称"草圣""张颠"。他在总结自己的创作经验时即说："始见公主担夫争道，又闻鼓吹而得笔法，观公孙大娘舞剑器，始得其神。"与"张颠"齐名的唐代草书书法家怀素亦言其变化无方、出神入化的笔法来自对变幻无穷的夏云的领悟。

因此，中国古人一向认为对美的认识可意会不可言传，认为审美教育的途径在于通过对审美对象的感受和领悟，形成人的思想感情的潜移默化。孟子说："学问之道无他，求放心而已。""梓匠轮舆能与人规矩，不能使人巧。""君子深造之以道，欲其自得之也。自得之，则居之安，居之安则资之深；资之深，则取之左右逢其源，故君子欲其自得之也。""规矩"是必然性，"巧"和"左右逢其源"是自由，"求放心"是目的，从必然性上升到自由，实现"求放心"的目的，离开了"自得"是无法实现的。正因为如此，中国古代审美教育方法重零星的感受、直观的欣赏、丰富的联想、情感的抒发、个人的体验。所以，中国古代审美教育没有洋洋洒洒的理论发挥，没有伟大思想的理论体系，但并不妨碍中国古代审美教育达到善与美统一的目的。

第三节　西方美育的发育、壮大

一、社会性是西方美育坚强的"双脚"

西方审美教育从古希腊发端，不论是斯巴达的武士教育、雅典的艺术教育，还是柏拉图、亚里士多德的教育理论，都非常重视审美教育对人的塑造和社会的影响。这个优良传统可以贯穿于整个西方审美教育的历程。即使是中世纪时期，普洛丁、奥古斯丁神学的审美教育，仍然是立足于现实，强调完善人心的理论。

文艺复兴后的教育家、美学家、思想家几乎都阐述过审美教育的现实意义，对审美教育的社会作用寄予很大的希望。他们有时甚至夸大了审美教育的功能，不少主张也带有空想社会主义色彩，但却体现了历史的进步性。

例如，席勒的审美教育理论试图解决社会现实问题，但又脱离了社会现实。尽管如此，社会现实气息还是很浓的，同时也带有一定的客观真理性。在他的美育名著《审美教育书简》中，他给丹麦亲王克里斯谦写了二十七封信。在第二封信中，他指出"审美教育"这个题目不仅关系到这个时代的审美趣味，而且更关系到这个时代的实际需要。人们为了在经验中解决政治问题，就必须通过美育的途径，因为正是通过美，人们才可以走向自由。

席勒指出，现代文化最大的弊病就是抑制人性。现代文化把人永远束缚在整体中一个孤零零的断片上，人也就把自己变成一个断片了。耳朵里所听到的永远是由他推动的机器轮盘的那种单调乏味的嘈杂声，人就无法发展他生存的和谐，他不是把人性印刻到他的自然本性中去，而是把自己仅仅变成他的职业和科学知识的一种标志。因此，为了克服这种人性的分裂，席勒从人道主义的理想出发，提出了美育。他认为，从感觉的受动状态到思维和意志的能动状态的转变，只有通过审美自由的中间状态才能完成。在第二十一封信中，席勒把美看成我们的第二造物主,在人性分裂的时代,美又使人性成为我们的可能,而我们想使人性实现到什么程度则取决于我们的自由意志。

席勒对美育的贡献不仅在于第一次提出了"审美教育"这一名称,更在于第一次对审美教育的意义和社会作用做了最深刻的发挥和阐述。而他把人性分裂作为社会堕落的原因,把审美教育作为治疗人性分裂的方法,从而夸大了艺术和美的作用,这恰恰又是席勒的局限性。

马克思和恩格斯对席勒的思想进行了扬弃,他们虽然不是纯粹的审美教育理论家,然而发表的有关见解鞭辟入里,从根本上指明了审美教育研究的方向。其原因就在于他们是从历史唯物主义的角度出发、观察、思考和说明问题的。

席勒从人道主义立场出发,揭露了近代资本主义劳动分工对和谐完整人性的摧残,但是他却没有认识到它的实质和根源。马克思以无产阶级的义愤揭示了资本主义社会的异化劳动学说。"劳动为富人生产了珍品,却为劳动者生产了赤贫。劳动创造了宫殿,却为劳动者创造了贫民窟。劳动创造了美,却使劳动者成为畸形。劳动用机器代替了手工劳动,同时却把一部分劳动者抛回到野蛮的劳动,而使另一部分劳动者变成机器。劳动生产了智慧,却注定了劳动者的愚钝、痴呆。"

席勒把人的精神解放和完美人性作为他的美学和美育目标。但是,在私有制的社会里,不去变革社会关系,而单纯靠美育则是完全不可能的。在《经济学——哲学手稿》中,马克思从社会基本实践——生产劳动的角度考察了社会的人与自然、主体与对象的相互关系,说明了人的劳动对客观世界的改造和对人自身发展的作用,正是生产劳动才完成了自然与人的现实的统一。马克思指出:"整个所谓世界历史不外是人通过人的劳动而诞生的过程,是自然界对人的生成过程。"马克思正是从这个意义上说"劳动创造了美",这是在人类认识史上第一次科学地揭示出美的根源。因此,马克思提出了通过各种社会实践(不仅包括艺术活动)培养完整的人的任务。这就是说,美学绝不限于艺术哲学,在人类的物质生产活动中也存在审美的现象;美育也绝不限于艺术教育,美的形态很多,所以审美教育的途径也是多种多样的。这无疑是为美学和美育揭示了一个更为广阔的天地。社会主义的建立为物质与审美文化的结合开辟了广阔的前景，美育也将成为物质文明与精神文明建设的重要一环。

二、实践性是西方美育强健的"身躯"

审美教育是教育的一个组成部分，这就使它不仅要有理论性，而且要有实践性，而西方审美教育一直比较重视美育的具体实施。

比如说古希腊的城邦斯巴达为了适应备战的需要，推行武士教育。武士教育是很残酷的，如让儿童穿单薄的衣服，喝稀粥，晚上睡在芦苇上，赤足行走等。儿童还常受鞭挞，但这种教育也有美育的内容，如体育中有音乐和军事舞蹈，儿童要学唱各种赞美歌和军歌，体育又激发了形体美的观念。在当时的斯巴达人眼中，理想的人物不是善于思索的头脑或者感觉敏锐的心灵，而是血统好、发育好、比例匀称、身手矫健、擅长各种运动的形体。

古希腊的另一城邦雅典，则非常注重艺术美的训练。为了培养有教养的贵族后代，雅典开办了弦琴学校，招收七至十四岁的儿童，让儿童学习音乐，唱歌和朗诵史诗《伊利亚特》和《奥德赛》的片段。音乐教师要孩子服从于和谐的节奏，习惯于温顺和柔美。美育从古希腊发端时，就非常注重它的实际操作性，这种良好的传统被秉承了下来，贯穿于整个西方的审美教育历程。

德国幼儿教育家福禄培尔就第一个指出游戏对儿童发展的重要性。他认为游戏是内部存在的自我活动的表现，是由内在的需要和冲动而来的内部表现。福禄贝尔认为游戏是人在童年阶段中最纯洁、最神圣的活动。同时，它也是人的整个生活中所特有的，是人和一切事物内部隐藏着的自然生活中所特有的。所以游戏给人欢乐、自由、满足、内部和外部的平静，以及整个世界的安宁，它具有一切善的本源。一个能主动坚持玩游戏直到身体疲劳为止的儿童，必然会成为一个完全的、有决心的人，能够为了增进自己和别人的幸福而自我牺牲的人。他认为："一个游戏着的儿童，一个全神贯注游戏的儿童，一个这样沉醉于游戏中的儿童，不是儿童生活的最美丽的表现吗？"

苏联教育家苏霍姆林斯基创办了巴甫雷什中学，并理智地选用了各种恰当的手段，将审美教育落实得非常踏实与细致。比如说他带领孩子到草地上听树枝摇曳的声音和小鸟的啼叫，观察天空、群星和霞光，让孩子真切地获得自然美的陶冶。他还注重通过劳动培养儿童的美感，他让儿童干手工活、布置花坛、栽花、烧制器具等。他认为，这些都是渗透了审美动机和感受的劳动，有着人们对于美好工作的向往。

劳动也是儿童精神乐趣的源泉。一个为别人的幸福和欢乐而劳动的人，就不可能是内心邪恶、举止卑劣、恬不知耻、冷酷无情的人。直到现代，美国的戏剧教育、日本的丰富情感教育、瑞士的"体态律动学"音乐教学、澳大利亚的胎教以及各国不断举办的选美活动和时装模特表演，无不是审美教育的实践。这些都说明审美教育不仅要从理论上探讨，更必须具备可操作性，才能真正发挥它的作用。

西方国家重视审美教育的实施，是和这些国家的务实精神有关系。因为审美教育只有付出行动才有意义。审美教育的实施离不开理论指导，但这种理论指导应该很具体，要以事实为根据。西方历史上的审美教育理论大都是从实际出发，不尚空谈，使得审美教育的实施切实可行，基本上达到了理论和实践的统一。

三、理性分析是西方美育睿智的"大脑"

西方审美教育理论渊源于古希腊哲学和美学。古希腊哲学家和美学家以知识渊博、论证精辟和体系完善著称于世，这势必影响西方审美教育理论对理性分析的重视。

比如亚里士多德在分析悲剧净化作用时，以人的生理、心理机制为基础，为以后审美教育的理性分析树立了榜样。

"在最完美的悲剧里，情节结构不应该是简单直截的，而应该是复杂曲折的，并且它所模仿的行动必须是能引起哀怜和恐惧的——这是悲剧模仿的特征。因此，有三种情节结构应该避免。一是不应让一个好人由福转到祸。二是也不应该让一个坏人由祸转到福。因为第一种结构不能引起哀怜和恐惧，只能引起反感。第二种结构是最不合悲剧性质的，悲剧应具有的条件它丝毫没有，它既不能满足我们的道德感，也不能引起哀怜和恐惧。三是悲剧的情节结构也不应该让一个穷凶极恶的人从福转到祸。因为这虽然能满足我们的道德感，却不能引起哀怜和恐惧——不应遭殃而遭殃，才能引起哀怜，遭殃的人和我们自己类似，才能引起恐惧。所以这第三种情节既不是可哀怜的，也不是可恐惧的，剩下就只有这样一种中等人在道德品质和正义上并不是好到极点，但是他的遭殃并不是由于罪恶，而是由于某种过失或弱点。"

从上述这段话中，我们可以看出，亚里士多德反对悲剧用善恶报应的"圆满收场"而力持悲剧情节的转变由福转祸，收场定要悲惨，这并不单纯地从文艺标准出发，其中也带有社会道德的考虑。除此之外，他还从人的心理角度出发，提出悲剧的净化作用还在于引起哀怜和恐惧两种情绪净化后的那种特殊的快感，而这种快感正是悲剧所特有的。

又比如说卢梭，他的《爱弥儿》被歌德誉为"教师的圣经"。他提出的"自然教育"理论，号召"返回自然""顺应自然"，让儿童身心自由发展的观点，虽起源于反封建的目的，但其中的不少论述却具备一定的科学性。比如他在论述如何利用自然景色进行审美力的培养就有一段具体的说明。他说："在一个美丽的黄昏，我们到一个幽静的地方去散步，在那里，开阔的地平线可以让我们看到日落的全景。第二天早晨，又在那里看到一个明亮的光点像闪点似的出现在眼前，而且立刻充满了整个空间，黑暗的帷幕落下去了。人们又看到了他们居住的地方，发现它们已经变得很美丽了。这时候，鸟儿一起合唱，欢迎那一切生命的父亲。没有哪一只鸟儿是不唱歌的，它们的鸣啼之声虽然微弱，但在一天之中只有这时候的歌声最柔和，流露出从睡梦中恬然醒来的倦意。"所有这些情景的交相配合，给我们带来了一种沁透心灵的、清新的感觉。在这半个小时当中，没有哪一个人不为之神往。面对着这么壮观和美妙的景色，谁也不能无动于衷。卢梭的特点在于，他并不将自己的观点强加给他人，而是通过生动的事例及精辟的分析让他的论述闪烁着理性的光辉。又如他在论述为了培养学生的审美力而必须在一些审美观尚未形成的国家和审美观已经败坏的国家之间进行选择的话，他的选择次序是颠倒的，先选择后面这种国家，而后选择前面那种国家。这样选择的理由是审美观之所以败坏，是由于审美审得过于细腻，专门挑选大多数人看不到的地方来欣赏。过分细腻，就会引起争论。他认为，通过争论，可以学会如何思考。他主张广泛地涉足于各种社会场合，把所有的美的样子都看过以后，才能注意到细微的差别。也就是说，审美力是通过社会锻炼才能养成的，审美力是以现实为基础的。不可否认，卢梭的观点至今还有一定的现实意义及借鉴价值。

　　除此之外，不管是席勒在《审美教育书简》中对审美教育社会作用的分析、美的规律和美育关系的分析、审美与艺术和艺术与游戏关系的分析，还是斯宾塞对科学和艺术欣赏的关系的分析，赫尔巴特等近代教育家对爱的教育、美育在教育中的地位的分析，直至现代西方国家提出的儿童早期艺术教育的必要性，甚至从医学、心理学角度提出的胎教理论，无不闪烁着理性分析的光芒。西方思想家和学者长于理性分析的传统，使得历代审美教育理论富于系统性和逻辑性，不仅说理精确透彻，而且情理交融，达到了深刻性、生动性和鲜明性的高度统一，自成一套完整的体系。这与西方哲学和美学注重理论的完整性、逻辑分析的严密性有很大关系，同时也与中国美育理论长于感性而弱于理性的特点形成鲜明对比。

第四节　东西交汇，百川归海：当代美育的现状

一、当代中国美育发展历程

从现代到当代就政府部门对美育设置和实施的态度，可以大体归纳出美育在中国现当代发展的变化特点，并由此展望今后美育的发展方向。我们首先来回顾一下新中国成立后美育的发展历程。

1951年3月，第一次全国中等教育工作会议提出："普通中学的宗旨和培养目标是使青年一代在智育、德育、体育、美育各方面获得全面发展，使之成为新民主主义社会的自觉的成员。"

1952年3月，教育部颁布了《幼儿园暂行规程（草案）》《小学暂行规程（草案）》《中学暂行规程（草案）》，对美育都有明确的规定。在教育方针上，明确提出德智体美并举的思想。

《中学暂行规程（草案）》中规定的中学教育主要目标是使学生正确运用本国语文，得到现代科学的基础知识和技能，养成科学的世界观；发展学生为祖国效忠、为人民服务的思想，养成爱祖国、爱人民、爱劳动、爱科学、爱护公共财物的国民公德和刚毅勇敢、自觉遵守纪律的优良品质；培养学生体育卫生的智能习惯，养成强健的体格；陶冶学生的审美观念，启发其艺术创造力。从这种教育方针上面，我们还能比较明显地看到它继承了中国传统教育思想，特别是蔡元培的教育思想。

20世纪六七十年代，因为社会历史因素，教育发展处于停滞状态，美育没有得到足够重视和发展。改革开放之后，在教育部颁布的《全日制十年制中小学教育计划》（试行草案）及后来的一系列教育方案中，又恢复了重视美育的传统。中小学生的培养目标与任务是"要使学生具有爱国主义精神，培养共产主义道德品质，逐步树立无产阶级世界观与人生观，立志为人民服务，为实

现祖国的社会主义现代化服务。要使学生学好文化科学基础知识和基本技能，培养能力，发展智力。要使学生的身心得到正常的发展，具有健康的体质。同时，要使学生具有一定的审美能力和初步掌握一些劳动技能。"

进入新世纪之后，美育得到政府的进一步重视。随着社会的进步，文化的发展，我国政府越来越意识到美育的价值和意义，出台了诸多指导意见和决定。

1999年，国务院发布的《关于深化教育改革全面推进素质教育的决定》，在"意见"中对决议中提出的问题（改变美育薄弱状态）、提出的要求（美育融入学校教育全过程）予以了重申，更新了美育作为素质教育的笼统提法。

2010年5月，国务院发布的《国家中长期教育改革和发展规划纲要（2010—2020年）》，其中提出"把社会主义核心价值体系融入国民教育全过程"，这正是对教育方针的贯彻。

2013年，党的十八届三中全会通过的《中共中央关于全面深化改革若干重大问题的决定》。本次"意见"可以说是对决定中提出的"改进美育教学，提高学生审美和人文素养"工作要求的具体落实。

2015年9月，国务院办公厅公布《关于全面加强和改进学校美育工作的意见》，这是一个专门针对美育的指导性文件。"意见"中提出的"重应试轻素养、重少数轻全体、重比赛轻普及，应付、挤占、停上美育课的现象""资源配置不达标，师资队伍仍然缺额较大，缺乏统筹整合的协同推进机制"等问题，都是较为现实的问题。"意见"是现阶段贯彻党的教育方针政策对美育以及美育工作进行部署的指导性和规定性文件，并体现出三个突出特性：①阶段性，即现阶段党的教育方针政策的具体化；②针对性，即针对目前学校美育存在问题以及采取措施的具体部署与政策回应；③选择性，即针对党的美育工作要求吸收了部分重要学术观点对现阶段的美育内涵和外延做出的界定。

根据上述我国政府的美育方针与政策，可以看出我国教育领域对美育这一概念的认识也日渐深入和成熟。新中国成立前，在著名教育家蔡元培、鲁迅等人的著述中，美育一词常被美术所代替，或即使出现美育一词，所谈的内容依旧是美术教育。如蔡元培的《美术与科学的关系》，鲁迅的《拟播布美术意见书》等文为证。可见当时虽有美育这一概念的形，实质还是多侧重于探讨美术教育的作用。新中国成立后，美育等同于音乐教育与美术教育，提出了"艺术教育"这一名称。这时期，美育概念的外延已有所扩大，但还是仅限于几门艺术教育课程。直到《中国传统道德》一书的出版，提出了中国传统文化与美育相结合以促进精神文明建设的概念，文化美育观才初步形成。美育摆脱了狭小的樊笼，开始走向广阔的天地，大美育观逐步形成，引导中国美育发展的新方向。

大美育观的形成是新时期中国美育的发展方向。

时至今日，美育可以说是发生了从量变到质变的飞跃，整体上已经脱胎换骨。今天我们再来审视美育，它已经不仅仅是陶冶性情，给人带来美感那么简单的事。首先，它不仅要结合情感教育做到"怡情"，即陶冶人的感情也要与生命教育相结合做到"养性"，即修养性情，保持人的完全本色和良好的修养。其次，要与道德教育相结合做到"净德"，即拥有高尚的品德与人格。最后还要与人生观、教育观相结合做到"修身"，即完善个体，提升人的价值。四者统一，共同实现人的完整教育。为了达到这一多元目标，当然仅靠几门艺术教育课程是远远不够的。不可否认，艺术类课程最终还是实现美育主要的和必要的手段，但已经不是全部，我们还必须利用其他的元素。实际上，美育并不是用来培养艺术人才。我们并不是要每个受教育者都变成艺术家，而每一个人又都必须接受美育才能成为完全的人。确定了这个认识，那么生活处处是美育。最后，文化美育充实了美育的内容与手段。如上文所述，美育已脱胎于艺术教育，当然艺术教育也就不是美育所依赖的唯一手段，更不是美育的全部内容。

二、生命教育绽放出当代美育的芳华

在人类文明史上，席勒首创美育，功不可没；在我国的教育理论中，蔡元培首倡美育，其贡献也是重大的。席勒认为"美育是审美情感的教育"。1930年，蔡元培在为商务印书馆《教育大辞书》撰写的"美育"条目中，基本上是照搬了席勒的看法，认为"美育者，应用美学之理论于教育，以陶养情感为目的者也"。以"审美情感教育"为内涵的"美育"概念，由此沿用至今，并已被视为与"德、智、体"并列的学校教育的一部分。

叶朗先生曾经提及："美育着眼于保持个体人精神的平衡、和谐、健康，使情感具有文明的内容，促进理性和感性的沟通，使之协调发展。""美育的最高层面是提高人生的境界。"

中国教育大家蔡元培先生对于美育有过这样的认知："美育可以代替宗教，美育是最重要、最基础的人生观教育"。

根据上述情况，我们可以看出，美育是一种教育，而且是一种关于生命成长的人生观教育。

如果从美的角度来看待人生，人生观的教育都会变得容易一点。艺术的本质是创造作品，美育则是创造生命的美好，培养更好的人生观。如果把人生当作一件作品，大多数尴尬和不够优雅的时刻都可以去掉，因为我们在完成一件作品，我们需要创造美的生命。

传统的儒家强调自律，独处的时候要像待客一样，待客的时候要像独处一样。"吾日三省吾身"以及"慎独"观点的提出，实际上就是一种追求生命之美，强调社会秩序和道德之美的要求。中国儒家是非常讲究美育的，秩序之美、道德之美、伦理之美、山水之美等，都是儒家教育的追求。

我国政府非常重视美育，1999年中共中央国务院颁布的《关于深化教育改革全面推进素质教育的决定》中，已将美育正式列入教育方针，并要求加强音乐、美术课堂教学及课外文化艺术活动，要求将美育积极主动地融入学校教育的全过程。2015年9月28日，中国国务院办公厅下发了《关于全面加强和改进学校美育工作的意见》（以下简称《意见》），《意见》明确要求，全面贯彻党的教育方针，以立德树人为根本任务，把培育和践行社会主义核心价值观融入学校美育的全过程，根植于中华优秀传统文化的深厚土壤，汲取人类文明优秀成果，引领学生树立正确的审美观念、陶冶高尚的道德情操、培育深厚的民族情感、激发想象力和创新意识、拥有开阔的眼光和宽广的胸怀，培养造就德智体美全面发展的社会主义建设者和接班人。

美的教育，具体说来又有以下两个方面。

（1）从理论上阐明何以为美，何以为丑，怎样才是美的人生等，以教人学会美的活法。

（2）通过健康的艺术欣赏，提高人的审美能力，激发人自觉地追求美的人生境界。

美育首先是审美教育，是我们学校教育必不可少的一门学科。生活中处处有美景，我们缺少的是发现美的眼光，欠缺的是欣赏美的水平。提高学生的审美能力和欣赏水平，是进行爱国主义教育的一项重要内容，也是提高个人修养的必修课。很多学校在此之前，就进行了试点，并取得了丰硕的成果。

美育也是情操教育和心灵教育，不仅能提升人的审美素养，还能潜移默化地影响人的情感、趣味、气质、胸襟，激励人的精神，温润人的心灵。美育与德育、智育、体育相辅相成、相互促进。因而，《意见》要求各级各类学校，从2015年起全面加强和改进学校美育工作，到2020年初步形成大中小幼美育相互衔接、课堂教学和课外活动相互结合、普及教育与专业教育相互促进、学校美育和社会家庭美育相互联系的、具有中国特色的现代化美育体系。

青少年是国家的未来，他们的素养决定着国家的文明程度，加强青少年的美育教育，使他们拥有美好、善良的心灵，懂得珍惜美好事物，能用自己的方式去表现美、创造美，快乐地生活、健康地成长。美育可以激发学生的艺术兴趣，培养学生健康向上的审美趣味、审美格调、审美理想，引导学生完善人格修养，树立正确的人生观和价值观。

美育有其特殊性，首先要让学生学会发现美、欣赏美，才能让学生创造美，把美内化于心。美可以陶冶情操，净化人的心灵，丰富其精神生活，启发其自觉性，发挥其创造力。其实，学校美育存在于各学科之中，只是缺少挖掘，或是"应试教育"让人们忽视了身边的美。我们只要加强各学科之间的相互渗透和融合，重视美育基础知识学习，增强课程综合性，加强实践活动环节，就可把美育搞活、搞透。

开展美育，可以不拘一格，充分利用和开发当地的民族、民间美育资源，搭建开放的美育平台，拓展教育空间。只要是以审美和人文素养培养为核心，都可以纳入美育中。当然，我们要以创新能力培育为重点，科学定位各级各类学校美育课程目标，将相关学科的美育内容有机整合，发挥各学科的优势，紧紧围绕美育目标，形成课堂教学、课外活动、校园文化的育人合力。

只要我们把青少年的美育当作一件重要的事来抓，并形成一种氛围，有效地净化人的心灵、净化社会风气，促进社会文明进步。将美育开展好，不只是学校的事，也是全社会的大事。

在现实教育中，我们一些家长会将美育狭隘地理解为音乐、美术等艺术相关的教育，这种观点会导致忽视真正美育的价值和意义。美育，是一种教育，生命中一切关于美好的教育，都是美育。

三、人文情怀是当代美育的指向标

过去多年来，我国的教育不可避免地存在对人文性的某种缺失。建国初期，我国按照苏联的模式改造和重建教育，将新中国的教育直接纳入了以实现工业化为目标的经济建设上来，形成了强烈的功利主义和科学主义的价值取向，重视人类资源的开发，却忽视了人自身的发展。20世纪80年代以来，智育至上、考试至上、片面追求升学率之风盛行，导致"应试教育"成为各级各类学校的教学目标和最有力的指挥棒。这样容易造成学生的知识结构片面化，情感、志趣、眼界偏狭，急功近利，对课本以外的社会政治、经济、伦理、生态环境、文化传统、人类未来等问题缺乏应有的知识和人文关怀。爱因斯坦曾说："每门科学的理论和知识都已变得非常深奥。但是人类智慧的融合贯通能力总是被严格限制着的，因此，无可避免地，研究者个人的活动势必限于愈来愈狭小的人类知识部门里。"可见，专门化的趋势造成了人文教育与科学教育的日益分离。

教育作为传递科学文化的有效途径和手段，它既要传承科学文化的外在特征概念、形式、符号等，又要将蕴含于其中的人类智慧、创造性和人性的价值内化到学生心理结构之中。

把人从科学的唯理性的片面追求中拯救出来的唯一办法是对人文精神的弘扬和重塑。因为"现代人类与其说是苦于缺乏知识和科学真理，未能洞察客观世界的奥秘，不如说是苦于不善于用科学技术造福于人，不了解人的本性，未能充分洞察人的内心生活的奥秘"。为此，教育中必须要探讨如何重塑人文精神，致力于人性的教育。早在古希腊，思想家和教育家就重视和提倡博雅教育。所谓的"博"不是单纯的知识积累，而是指学识的融会贯通，养成一种全局和统摄的沟通事物细部的系统能力，它涉及"心智的扩展"。而所谓的"雅"指的是心智的一种品位，涉及的是"心智的美"，它能为简单的思想赋予一种高贵的情怀。这种教育至今还被美国的一些大学所肯定，用于为社会培养良好的社会公民。

有一个小故事，芬兰一些小学生曾面临一个测试题：明天就要去月球旅行，现在给你100元，你准备买些什么带着？孩子们的想象力超过成年人，各种稀奇古怪的主意都出来了，但最常见的携带品是玩具、食物、饮料、衣服等。老师在看了答案之后，问孩子们："为什么没人购买空气？"孩子们很奇怪，空气还用买吗？老师说："当然了，一旦到了月球，你们就会急着购买空气了。"

还有一则故事，有一位老人临终前，召集儿女到病床前安排分家事宜。兄弟俩争得面红耳赤，妹妹却站在一旁不说话。老人问女儿："你为什么不提出自己的要求？"女儿说："我的要求是，每一个人分出一点爱，给父亲带着上路……"

这是两个颇具哲理意味的故事。但是，如果我们变得连人类自身都不关心，那么，空气哪里有卖？爱哪里有卖？人类文化的教育是时代的呼唤和发展的必然结果。如果忽视了人文精神的培养，那么教育出来的人只是"经济人"或"政治人"，而不是完整的人。所以，缓解和改善这些问题的途径和方法只能是进行"第二人性革命"，使人的思想和行动、理智和情感都能得到全面的发展，人文教育无疑是可以帮助实现这一目标的。

与德智体劳相比，美育的可操作性较差，难以立竿见影，这也是成为人们忽视美育的一个重要原因。康德说："牛顿在他不朽的自然哲学原理那一著作里所写的一切，人们全可以学习。虽然论述出这一切来，需要一个伟大的头脑。但人不能巧妙地学会作好诗，尽管对于诗艺有许多详尽的诗法著作和优秀典范。原因在于牛顿把他的一切步骤，从几何学的最初原理到他伟大的深刻的发明，不单是能对自己，也能对其他任何一个人完全直观地演示出来。既不是荷马，也不是魏兰能够指示出他们的幻想丰富而同时思想富饶的观念是怎样从他们的头脑里生出来并集合到一起的，因为他们自己也不知道，因而也不能教给别人。"康德甚至认为，只有艺术有天才，科学没有天才。

格林在《普通教育中的审美素养》中也说："对于形式、色彩和声音的感受性很可能是天生的，是一种发生学的遗传特征。随之而来的结论是，教育家不可能使不具备这种素质的人习得这种素质。许多人会承认，各种审美经验是愉悦的、充实的，因而无疑是有价值的，但培养它们的工作似乎难以进行，甚至很少有人认为这样的培养是有根据的。"于是，学生的教室只是用于认知教学和能力的培养，而艺术作为情感表现的媒介和非认知性的交流方式，就被排挤在教室之外。因为无法衡量教授审美意识的效果，也无法将所学的东西化为外显的行为或可测定的能力。这样一来，"马蒂斯的画、莫扎特的五重奏和巴兰钦的芭蕾都被看作教育机构以外的世界的财富，即与学院和学校构成的秩序完全不同的成人世界的财富。有些人承认参观博物馆、观看戏剧和欣赏管弦乐演奏等在文化修养上的重要性，但这些都被看作是课外娱乐活动，与课堂毫无关系。"

当代美育已不仅仅局限于艺术教育，也不仅仅用于培养艺术人才，而是生活处处充满美育，美育的作用可以覆盖到每一个普通人，用于提升人生品位，完善人格之用。所以，艺术教育是美育的主要手段，但不是唯一的手段。

第五节　三驾马车——美育的当代价值

一、"第一驾"：让教育富有全面内涵

王国维先生曾在《论教育之宗旨》一文中说："教育之宗旨何在？在使人为完全之人物而已。""完全之人物，精神与身体必不可不为调和之发达。而精神之中又分为三部，智力、感情及意志是也。对此三者而有真善美之理想，'真'者智力之理想，'美'者感情之理想，'善'者意志之理想也。完全之人物不可不备真善美之三德，欲达此理想，于是教育之事起。教育之事亦分为三部，智育、德育、美育是也。"蔡元培先生也曾提出著名的"以美育代宗教说"。可见，美育作为教育实施的一部分是不可缺少的。

可是，在现代的教育中，美育还是不可避免地遭到冷落。追根究底，还是功利心在作怪。当整个社会热衷于经济发展的时候，也就是功利心最盛的时候，"时间就是金钱，效益就是生命"等口号就会成为左右社会上大多数人的行为杠杆。而美育与功利心是相左的。因此，学校和家庭在孩子受教育问题上是相当矛盾的心态。一方面，学校的领导者承认美育是教育不可或缺的一部分；而另一方面在大抓升学率、教学质量的同时，又削减艺术类课程和取消各种学生实践活动。

在家庭中，许多家庭对于儿童美育是持肯定态度的，有的家长不舍得给自己买书，却舍得给孩子买连环画；有的家长自己没有时间看画，却挤出时间领着孩子去拜师绘画；有的家长省吃俭用，却花不少钱为孩子买钢琴……然而，当孩子上学之后，却又冷落美育而重智育，两眼只盯着孩子的智育成绩，以孩子在班里智育成绩的名次先后而自喜或懊恼。正如钢琴等级考试，大多数家长都表示希望孩子能在小学毕业前考出八级证书，目的是初中孩子的学业负担重，且在初中升高中的考试中钢琴等级不做加分，而是以文化课成绩录取。所

以，进入初中后就不希望孩子再弹钢琴了。这种心态正是当前父母典型的功利心态。

其实，美育既作为教育的一部分，就有它的科学性和必要性，就不可随意被取消或替代。否则，教育就是不完整的，所培养出来的人也是不完全的，所造成的后果可能一时显现不出来，但长时间后的结果将是可怕的。美育与其他几育相比，具有自己独特的个性，同时又能与其他几育融合，共同发挥作用。与德育相比，德育是现实的，规范的美育为直觉的，浪漫的德育重外在的经验，美育重内在的修炼，德育重群体的整合，美育重个体的自由，德育是凝滞呆板的，美育是生动活泼的。但是美育与德育又是相通的，德育需要吸收美育的方法，而美育最终是追求人的精神品质和人格力量。与智育相比，智育重普遍，美育重个性，智育重抽象，美育重具体，智育重思考，美育重感悟。但是，美育与智育也是相通的，智育中有大量的美育因素，美育也需要丰富而发达的科学知识。与体育相比，体育重在追求人体之健康，而美育则重在追求人体之美观。健与美本来同体，所以健美教育在古代中国与西方都得到过充分的重视。这就是美育与其他几育充满矛盾而又相互结合的逻辑关系。

所以说，美育是独立的、超越的，又是与其他教育紧密相连的，因此，只有落实美育，才是完全之教育。

二、"第二驾"：让人们更具审美能力

不可否认，人类的劳动为人们创造了丰富的物质财富，给人类带来了文明与现代化的生活。然而，随着人类分工和劳动异化的加剧，人类在劳动中愈来愈感受不到美，"劳动创造了美，却使劳动者成为畸形"。而根据马克思的观点，人类的生产之所以成为"真正的生产"，区别于"动物的生产"，就在于人类按照"美的规律"生产，"动物只是按照它所属的那个物种的尺度和需要来进行塑造，而人则懂得按照任何物种的尺度来进行生产，并且随时随地都能用内在固有的尺度来衡量对象，所以人也是按照美的规律来塑造。"说明美是与整个人类的生产和存在结合在一起的。

然而，近代文明"机器代替了手工劳动，同时又把一部分劳动者抛回到野蛮的劳动，而使另一部分劳动者变成机器。劳动生产了智慧，却让劳动者生

产了愚钝、痴呆。"异化劳动使人类从总体上丧失了美。在马尔库塞看来，当代社会是一个一维的、单向度的社会，然而社会分工愈来愈细，但这并不意味着人的发展会愈来愈片面。的确，如果一个人整天沉迷于看电视、电影，或读诗、读小说，那么不是没有影响正常工作的可能（专业艺术工作者除外）。但是，一个人也不可能整天忙于工作，总有闲暇的时光。如果人不停地工作，就会陷入片面或偏枯，致使生命之弦绷得太紧而易断。而将闲暇时光用于一些无意义的活动，甚至赌钱、打扑克等有误正常工作的活动，就不如从事审美活动。审美活动可以调节人的大脑机能，提高学习和工作效率。西方有人曾做过一次测试，听莫扎特音乐时智商明显提高，而听流行音乐则没有这种效果。因此，建立一种良好的审美趣味，提高审美活动的层次和品位，不仅可以在繁细的现代社会分工中感受到生命的整体感，而且还可以提高工作效率。其实，当代美育更关键的任务还是要给人们的精神安身立命，提升人生品味，从而追求一种审美的人生，这也是尊重人、尊重生命的体现。

提倡美育，便是使人类能在音乐、雕刻、图画和文学里找到他们"遗失了的情感"。我们每每在听了一支歌，看了一幅画、一件雕刻，或是读了一首诗、一篇文章以后，常会有一种说不出的感觉，四周的空气会变得更温柔，眼前的对象会变得更甜蜜，似乎觉到自身在这个世界上有一种伟大的使命。这种使命不仅仅是要使人人有饭吃，有衣裳穿，有房子住，他同时要使人人能在保持生存以外，还能去享受人生，知道了享受人生的乐趣，同时便知道了人生的可爱，人与人的感情便不期然得更加浓厚起来。这里所谓的"遗失了的情感"是指"物质愈发达，情感愈衰颓"。

蔡元培主张要恢复人类纯朴的自然情感，不受物质的桎梏。只有这样，人类才能彼此了解，互相同情，从而成为人生的主人。

我国古代儒家文化的代表人物孔子也十分崇尚审美的人生。有一次，孔子问弟子们的志愿。子路说："千乘之国，摄乎大国之间，加之以师旅，因之以饥馑，由也为之，比及三年，可使有勇，且知方也。"一个内忧外患的小国，我去治理三年就可以到达大治。冉求的志向与子路相似。而公西华则要在祭祀或同外国盟会时，穿礼服戴礼帽做一个小司仪者。"宗庙之事，如会同，端章甫，愿为小相焉。"独有曾点的志向与众不同，他的愿望是："暮春者，春服既成，冠者五六人，童子六七人，浴乎沂，风乎舞雩，咏而归。"孔子长叹一声说："吾与点也！"孔子赞许曾点的向往包含了一种审美的人生观。

所以，教育工作者要清楚地认识到，美育应是"全面发展的人"不可缺少的方面。人心必有所依托，而再发达的物质条件对此也无能为力。十多年来，中国经济的发展很快，然而，"经济富裕病人"也愈来愈多。求治这些精神上的病人，靠物质财富的增加是不行的，而只能靠德性的力量和审美的超越。因此，20世纪初蔡元培先生倡导的"以美育代宗教"，在新世纪又有了现实意义。

三、"第三驾"：让社会更趋全面和谐

和谐是社会主义核心价值观之一。从教育这个角度，尤其是美育这个角度来看，社会的主体是人，只有个人人达到和谐的状态，整个社会才有可能和谐。而人的和谐离不开和谐的教育，和谐的教育当然更离不开美育。我们这里谈美育的重要性，并不在否定智育与德育的作用，而是在当今时代，智育与德育已经受到了充分的重视，而美育却没有被提高到相应程度，如果不加以重视，就势必会影响到整个和谐社会的创建。

美国总统布什在清华大学讲演时说："大学不仅是培养技术人员，更要培养公民。"这句话表达了美国教育的基本理念。美国社会是由公民所组成的，而非由社会工程的"零件""螺丝钉"所构筑。教育要先塑造人，其次才是专业，否则你不知道如何把专业技能用到人身上。所以，从一开始就要培养学生如何对自己的生活做出选择，而不是在一种高度专业化的权威主义教育体制和哲学下，掌握别人需要他们掌握的技能。这也是教育与训练的最大不同之处。

一位熟谙日本民族状况的教育家——岸根卓郎也曾经就现代日本教育的现状与前途说过这样一段话："新的日本教育，应该将现在对抗的和竞争的教育向着协调和共存的教育转换，将现在重视物的教育，向重视人的教育转换。"这种现象表明，日本现代学人已经从以科技为中心的重视竞争、物质、利润的现代性状态中觉醒，并努力从美育中得到补救。

其实，在中国的古代就有美育能促建和谐社会的论断。在古代，"礼乐

之国"是天下大治的国家，"诗礼人家"是最受人尊重的家庭。从《国语·周语》的记载中可以看到，中国上古时代对"乐"的置重以及对审美教育的强调，已到了令人无法思议的地步。"夫政象乐，乐从和，和从平。声以和乐，律以平声。金石以动之，丝竹以行之，诗以道之，歌以咏之，匏以宣之，瓦以赞之，草木以节之。……于是乎气无滞阴，亦无散阳，阴阳序次，风雨时至，嘉生繁祉，人民和利。……于是乎道之以中德，咏之以中音，德音不想，以合神人，神是以宁，民是以听。"

这就是说，"乐"能使天人和谐，风调雨顺，人民安宁，天下太平。而孔子及其信徒所向往的，正是这么一个和乐盈盈以至于"百兽率舞"的礼乐之国。所以，至今一些老学者还是如此崇尚礼乐。原因是多方面的，其中一个主要原因是他们认为礼乐导致一种和谐的境界，而人类生活的最高境界就是和谐。因此提倡礼乐，就是提倡和谐，也就是提倡美育。也因此，解决现代社会生活中种种矛盾的最有效方法便是提倡礼乐、和谐。

关于这一点，不仅中国传统文化学者坚信不疑，而且国外文化史学者也表示赞同。他们认为以儒学文化为主体的中国传统文化意识，固然强调共性至上的群体原则，否定了人性和人的权利，对人的发展来说是压抑的。然而它又有尊重自然，推崇伦理，调节人际关系的特点。这个特点，使得英国当代学者斯因比也认为人类已经掌握了可以毁灭自己的高度技术文明手段，同时又处于极端对立的政治、意识形态的营垒。为此，人们要高度重视世界上现存的最重要的精神，这就是中国文明的精髓——和谐。

那么，通过美育手段达到什么程度才算是和谐社会呢？我们暂且用"五四"时期北京大学美育老师张竞生提出的《美的社会组织法》中的一段话暂做诠释。

（1）使社会的人彼此相亲相爱。且所亲爱的动机，非出于宗教式的迷信、政治式的胁迫、法律式的严酷与经济式的奴隶，乃出于一种信仰式的欣悦、科学式的着实、哲学式的高尚与艺术式的甜蜜。

（2）使社会的人皆养成多种真正审美的观念。为达到这些希望起见，我们所以从美的事业与情感入手。席勒就非常欣赏希腊的社会，他认为"希腊社会虽然组织单纯简单，但却朴实和谐，人的天性是完整而又完美的，如同水蛭的身体和触手可以自由地收缩和伸张，每个个体都享有独立的生活，到了必要时又能成为一个整体。"

我相信，通过美育也可以使我们的人民舒展自己的天性，身心得到调养，从而形成一个和谐的社会整体。

校园文化是以学校为载体，由师生共同创造的物质、精神文化的总和。

校园文化对于美育有着巨大的作用和影响。

一所优秀的学校，必然有优秀的校园文化。

在这个校园文化中工作和学习的人，都必然受到其濡染和熏陶。

因此，任何一所学校要想做好美育，就需要重视校园文化建设。

校园文化之所以能够为美育构建良好氛围，是校园文化的特点所决定的。

第二章　美育濡染

第一节　校园文化是学生美育濡染的起点

一、校园文化是一个美丽的"大染缸"

文化学上有两个基本原理。

1. 文化是人的创造实践

文化是具体的社会人的实践，它是人们活动的成果，更是人们活动的方式和过程，是不断运动发展的过程。文化不仅存在于物化了的器物或制度结构之中，而且存在于积极地表现人类活动能力的动态形式之中。文化是人的创造性、建设性的活动，是人在物质或精神上的丰富多样，在具体而微的活动中的自我创造，也是人全面而自由的发展。

2. 文化育人

文化是"培养社会人的一切属性，并且把他作为具有尽可能丰富的属性和联系的人，因而具有尽可能广泛需要的人产生出来——把他作为尽可能完整的和全面的社会产品生产出来……""人的本质并不是单个人所固有的抽象物。在其现实性上，它是一切社会关系的总和。"文化是人全面而自由的发展，人与文化具有双向同构的关系，在社会的过程中使自然"人化"也使自己"人格化"，人所具有的一切本质力量通过与世界的多重关系完满地表现出来，这种人与世界的多重关系就是人的生存样式——文化。人是在文化的塑造下，在创造文化的实践中自我完善的。

校园文化作为社会文化的一种亚文化系统，它是通过一代代师生共同创建并不断发展的，在各个时代，都有其不同的时代主题，也就有不同的文化氛围。因而，不同时期的校园文化存在着差异，又由于学校这一特定的环境呈现出共同的特点。但是，我们同时可以发现，每所学校的文化在其形成和发展的过程中，由于各所学校的办学规模、办学历史、学校类型、专业特色、地域特征等各不相同，因此使得任何一所学校的校园文化模式一旦建立后，它就具有了鲜明的个体特征，并成为该校品格的象征，而且具有特殊的渗透力和感染力，无时不有，无处不在，潜移默化地影响、指导、规范着校园中的每一个人，不断培养和激发师生的群体意识，使每个师生在此校园文化氛围中都能获得一种归属感、自豪感和依赖感。

同时，现代心理学认为，活动影响着人的个性、思维、情感、意志和对生活的态度。在蓬勃开展的校园文化活动中，逐渐形成不断丰富的精神环境和文化氛围使生活于其中的每一个个体在思想、情感、行为方面产生不自觉的趋同和助长作用。这种作用潜移默化又细致持久，使学生的价值选择、思维方式、行动趋向上具有了特定时代、特定校园的特色，而且由此形成的意识、作风、习惯、制度等，即使原来群体许多成员离开，许多新的成员加入，也仍然会作为传统被继承下来。事实上，不仅学生主体会受到校园文化的深刻影响，教职工主体也不例外。

二、素质教育承担着"染缸"的主色调

1. 响应国家号召，重视校园文化建设

《中共中央关于进一步加强和改进学校德育工作的若干意见》明确指出："要重视校园文化建设，要大力开展学生喜闻乐见的丰富多彩、积极向上的学术、科技、教育、艺术和娱乐活动，建设以社会主义文化和优秀的民族文化为主体，健康生动的校园文化。""在整个社会主义精神文明建设中，学校应成为最好的小环境之一，并对大环境的优化做出积极贡献。"江泽民同志还在党的十四大报告中指出，要把校园文化、社区文化、村镇文化与企业文化建设同时看成为经济建设和改革开放提供强大精神动力和智力支持的社会主义精神文明建设的重要内容。

2. 实施素质教育，创设良好文化氛围

当今的世界，科学技术突飞猛进，知识经济已见端倪，国力竞争日趋激烈，教育在综合国力的形成中处于基础地位，国力的强弱越来越取决于劳动者的素质，取决于各类人才的质量和数量，这对于培养和造就我国21世纪的一代新人提出了更加迫切的要求。于是，1996年6月召开的第三次全国教育工作会

议，颁布了《中共中央、国务院关于深化教育改革全面推进素质教育的决定》（以下简称《决定》），《决定》指出："实施素质教育，就是要全面贯彻党的教育方针，以提高国民素质为根本宗旨，以培养学生的创新精神和实践能力为重点，造就'有理想、有道德、有文化、有纪律'的德智体美等方面全面发展的社会主义事业的建设者和接班人。"这是时代对教育提出的新要求。当代社会对人才的要求是融思想素质、文化素质、业务素质与身心素质为一体的，倘若没有相应的校园文化建设造成一种环境与氛围，就无法在教育教学实践中落实，那是无法收到预期效果的。

3. 发展文化事业，培养全面型人才

社会主义社会是一个全面发展、全面进步的社会，那么社会发展中的人的问题就是一个十分重要的问题。人的全面发展是社会全面进步的综合体现，也是作为社会主体的人与社会互动的结果。党的十四届六中全会决议就曾强调，发展文化事业对提高民族素质，促进经济发展和全面进步具有重要作用。素质全面的人才需要全面的教育，单纯的课堂教学、知识传授的教育途径不能实现人的全面发展的要求，当然也不能完成时代赋予的任务。建设21世纪具有中国特色的校园文化已成为培养全面发展的人才的当务之急和必由之路。

三、避免大众文化污染美育"染缸"

近几年来，我国的校园文化建设的主流是健康向上、不断丰富和发展的。无论是校园环境、思想道德、课余文化、制度建设，还是教学科研，都在不断提高和完善，在教育引导学生，激励学生奋发向上，培养综合素质，塑造健全人格等方面发挥了重要作用。但是，随着改革开放的逐渐深入，校园文化也正面临着社会大众文化的强烈冲击，表现出形式、内容与社会大众文化趋同的现象，校园文化的特色减弱，品位有所降低。20世纪80年代中后期以来，"爱情小说热""追星热""卡拉热""哈韩哈日热""网络语言热""动漫热""网游热""喊麦热""网红热"等不断兴起，歌声噪音化、语言庸俗化、行为怪异化等均表现在学生中，消费和娱乐成为他们追求精神生活的主题，追求直观、感性和刺激的文化取代了校园文化原本具有的内在力度和精神底蕴。

　　西方的"大众文化"，对广大发展中国家具有很强的辐射力。通过大量的"机械复制"和电视卫星传输，西方的电影、歌曲、电视剧，以空前的力量挤占我国的文化市场，形成了一种"自觉自愿"的强制接受。就其实质而言，这是西方国家利用经济、科技优势推进的"后殖民主义"文化策略，西方的"大众文化"滚滚而来，势必在审美观念、价值观念方面对在校学生及其他文化需求者产生潜移默化的影响。随着我国经济的进一步发展，尤其是随着互联网时代的到来，我国与世界各国无论在经济、技术还是文化，各方面交流的广度和深度都会加大。避免大众文化对校园文化的冲击，提高校园文化的品位和特色，是大部分学校需要认真思考的现实问题。大众文化之所以吸引人肯定有其独到之处，我们不能只看到它对校园文化起到的负面影响，而抹杀了它的优势。我们要运用马克思主义理论作为指导，运用"扬弃"的方法取其精华，为我所用。

　　学生热衷"大众文化"，冷落我们本身固有的"校园文化"，我们也应该从自身寻找原因。比如我们的"校园文化"没有时代感，古板教条，说教性太强，不符合学生的心理需求，不适合当代学生的个性发展。因此，要让学生"自觉自愿"地接受我们本土的"校园文化"，那就要发扬我们的优势，建设有中国特色的校园文化体系。

四、让"染缸"的重染功能放大再放大

1. 做大"染缸"

　　校园文化的独有功能首先体现在它具有特定的文化创造的环境。校园虽建立在社会中，但又相对独立于社会，可以说是一种特殊的社区。校园内的主要活动就是实施教育与接受教育，校园生活与社会生活在内容上有很大差异，相对比较纯净，更多的是鼓励超脱于社会功利的自由气氛，显得更为民主。而作为校园文化建设主体的教师和学生与其他社会群体相比，无论是文化素质、知识层次，还是生活视野、人生观、价值观、道德观都普遍较高。再加之每所学校的校园文化都是自成体系的，具有自己独特的形成、演化和继承的规律以及自身存在的方式和历史渊源，都是长期积淀的物质财富和精神财富的总和。

　　因此，利用校园文化来实施美育具有先天的环境优势，校园这个特殊的环

境是一个良好的场景，学生在这种特有的环境中接受特有的文化熏陶，更有利于教育的落实。我们姑且把这种作用称之为"空间效应"。

2. 浓烈"氛围"

在一定意义上，我们可以把校园文化理解为一种精神环境和文化氛围，这就决定了校园文化的又一功能——熏陶功能，其作用是通过"氛围"陶冶的方式来实现的。教育从根本上说是起着一种文化传递的作用，教育不仅使人获得现成的知识，更重要的是使人通过对文化价值的摄取而获得人生意蕴的全面体验，进而陶冶自己的人格和灵魂，以充实其生命的内容。相对正规的教育教学，校园文化在这方面更具有独特的功能，体现为通过文化无意识地对校园人进行文化渗透。"这首先在于它创造了一个陶冶人心灵的场所，以校风、文化传统、价值观念、人际关系等等方式表现出来的一种高度的观念形态。其次，与其观念体系相适应的优美、整洁、有秩序的学习、工作和生活环境，对生活于其中的每个人都起着陶冶情操和规范行为的作用。"

在这里，有一个重要的现象是我们所不可忽视的，那就是校园文化致力于培养青年学生的群体归属感，也就是"校园意识"。我们力图用这种"意识"进一步取代家庭、个人观念，使他们团结协作，取长补短。因为校园文化丰富多彩的活动、情趣高雅的精神生活把每名学生吸引过来，在求学、提高的同时消除自身存在的孤独感和失落感，使他们在校园文化活动中凝聚成一个整体，以主体的群体力量做出更大的创造。一名学子无论其原有的生活背景如何，一旦跨入校园，经过几年校园文化的熏陶，他便会自然地融入群体之中，表现为其中的一分子，同时不可避免地被打上它的烙印。因此，优秀的学校都非常重视自己校园文化的建设，就像所谓的"北大人、复旦人"就是这种群体归属感的体现。就连现在的某些企业在招聘员工时，不再刻意注重专业，而更注重是否是优秀学府毕业，也是基于优秀学府独特的校园文化对学生的身心发展更有益。优秀的校园文化还是维系学生与学校感情的纽带，是使学校产生吸引力的重要原因。上海建平中学一名优秀的学生，在建平读过两年书后，由于全家搬迁需要转学，可是该生执意不肯，问其原因，该生回答说，那边虽然也是重点学校，条件也好，但却没有这样丰富多彩的校园文化生活，可见校园文化对学生的影响是巨大的。而校园文化的这种指导和规范作用又是无形的，其影响巨大而深远，在时间上也特别长久，甚至在人的一生中发挥着重要作用。因此，我们姑且称它为"熏陶效应"。

3. 美化"缸身"

这里首先就要谈到大众通俗文化和高雅文化的问题。不可否认，大众通俗文化是以社会民众为主体，以喜闻乐见的民俗习惯和大众传播信息为主要内容，以娱乐、消遣为主要特征，与百姓日常生活紧密相关的样式，在文化领域中占有不可替代的地位。但是，正如前文所论述的，校园文化是在特定的领域内的文化，它有着鲜明的目标性和选择性。因此，校园文化必定要经过筛选，选出那些能够反映人们精神生活，主要代表某一社会一定时期科学、文化水准和文明水平较高的专家、学者们创造的文化活动及成果。所以，高雅文化才是校园文化的主体文化。

学校通过邀请著名艺术家做演讲，邀请京剧、话剧、交响乐团等高雅艺术团体进行演出，或者发挥学生社团的作用，积极组织各种演讲、辩论、文艺小品、声乐、器乐演出等，又或者举办各类的文化节，为学生提供审美的中介，以具体、生动的美感形象激发学生的审美情趣，依靠感染，而不是靠说教，培养和发展学生正确的审美观、审美理想，以及感受美、表现美、创造美的能力，进而美化主观世界和客观世界。因为校园文化创造的是一种高雅的艺术氛围，希望学生能从中受到美的熏陶，它在选择时剔除了那些丑陋的、庸俗的文化，而呈现出的都是最美好、最精致的东西。因此，我们就姑且称这种效应为"美化效应。"

4. 互动"调教"

这可以从两个层面进行讨论。

（1）校园文化与创造它的主体师生之间是互动的。一方面，欣欣向荣的校园文化能够不断影响着校园内的师生，激活师生的创造热情，并以母校为荣，产生一种由衷的自豪感。比如，一所学校的校训，一所学校特有的历史和杰出人才在历史长河中层出不穷的业绩，一所学校固有的、具有象征意义的人文景观等，都是一笔能鼓舞和激励在校师生再创辉煌的宝贵精神文化财富，并赋予了一所学校特定的历史纵深感和时代的挑战性。另一方面，如果离开了师生，校园文化的传承不仅成了问题，而且缺少了与这所学校的特色与传统的新的内涵的注入，学校也将落伍于时代，又丧失传统与特色。因此，只有每一位成员都积极主动参与，不仅享受校园文化的赐予，同时又能自觉思考"我该为学校添上一笔怎样的色彩"，只有这样的互动，才能使校园文化不断丰富、发展和完善。

（2）在学校主体的教师与学生之间，也存在着文化的冲突与互动。美国的社会学家沃勒在其所著的《教学社会学》中，系统分析了师生文化冲突。他指出，在学校，教师代表较大的社会文化，学生则深受地方社区文化的影响，教师代表成人文化，学生为未成年一代，反映同辈团体的文化，因而教师文化与学生文化必然存在冲突。因为有冲突，就必须调和，才能维持良好的校园文化。据调查，从总体上看，教师文化显得成熟、理智、稳重，但容易偏于保守；学生文化则常常表现出幼稚、肤浅、偏激，但保守性较少。为缓解冲突，就必须进行调试，而这种调试就是师生文化的互动。教师应对学生文化适度容忍，态度上既不强迫学生按自己的行为模式从事或强迫学生接纳自己的某一价值观，同时，又尝试去理解那些学生文化以及那些没有明显消极作用的"流行"文化，再用正确的方法引导学生理解教师文化。这样，两种文化可以相互融合，产生互补。教师文化可以汲取学生文化中的先进因素，增强教师文化的活力和时代性。学生文化又可以汲取教师文化中稳重、理性的优点弥补自身幼稚、肤浅的缺点。这种互动对保持校园文化的传统高雅和充实发展校园文化都大有好处。

总之，校园文化首先会对学生良好个性品质的形成和发展产生巨大的影响。校园文化不仅是一个成型机，也是一个溶解池。每名学生既是组成并表现它的一分子，又不可避免地被打上它的烙印。成功的校园文化，自身就代表了这所学校，乃至代表了一种国家的精神，正如牛津之于英国，哈佛之于美国一样。事实上，风格不同的学校的学生在气质、特点与倾向性上往往也表现出不同的特征，这就是一个有力的说明。

另外，校园文化生活会在很大程度上影响大学生对生活和环境的态度与评价，从而影响个体对社会的评价和世界观的形成。学生在受教育期间有物质方面的需要，更多的还是精神方面的需求。而后者除了要靠正面的主体教育之外，还必须依靠丰富多彩、多层次的校园文化生活来达成。因此，校园文化也就直接影响学生对学校的态度和评价。众所周知，人们总是习惯于用自己接触到的事物来评价全部的环境。这种评价的方法虽然往往是片面的，甚至是不合理的，然而又是自然而然的。学生主要生活在校园内，校园文化生活占据了他们全部文化生活的绝大部分，因此很容易把对校园文化生活的态度和评价与整个社会的评价联系起来。而这些"实实在在的评价与认识"最终会对世界观的形成与转变产生潜移默化的影响，然而这些影响又是巨大的。

由此可见，如果没有健康、丰富的校园文化生活，学生的个性、兴趣和爱好就得不到满足与发展，就必然处于一种消极的心理状态中，那么也就很难指望他们能对周围的客观环境有较高的评价，并最终影响到他们对整个社会的态度和基本看法。

第二节　多渠道打通校园文化的美育源流

校园文化本身就具有育人的功能和广博的内容，且蕴含着美的因素。那么，校园文化如何才能发挥美育的功能呢？我们可以结合校园文化的特征和美育本身的特点，运用特定的教育方式来实现美育的功效。下文中所论述的四种教育并不指特定的教育内容，而是一种教育手段或方式。它们都能体现美育所独有的特征，且能够与校园文化有机结合，最终达到文化美育的目的。

一、直观教育是美育实施的"奔腾大河"

黑格尔说："美只能在形象中见出，因为只有形象才是外在呈现，使生命的客观唯心主义对于我们变成可观照，可用感官接受的东西。"因此，审美鉴赏是一种形象的鉴赏，而相对于其他教育来说，美育也是一种形象教育。由于美育总是首先通过它的形象作用于人们的感官，所以席勒认为在审美的国度中，人就必须以形象显现给别人，只作为自由游戏的对象而与人相处。通过自由去给人自由，这就是审美王国的基本法律。既然形象性是美育的一大特点，那么我们就应充分利用这一特点发挥直观教育的作用以达成美育的功效。

较早提到直观教育理论的要追溯到康帕内拉所描绘的"太阳城"，美育在"太阳城"的社会生活中占有相当显著的地位，而绘画成为直观教育中最重要、最大众化的有力手段。在整个城市的内外城墙上，都画满了各种科学知识的壁画，并附有诗歌的说明。他们通过这些绚丽多彩、琳琅满目的绘画，随时向儿童们传授着各种富有趣味的知识。"因此，儿童们在十岁以前就能毫不费力地、轻松地通过直观教学法来掌握各种科学的基本知识了。"康帕内拉的美育思想，虽然带有空想的性质，但确有不少可借鉴的地方。

真正从理论上详细地阐述直观教学的意义，并提出这是一种科学的教育方法的人则是夸美纽斯。他的直观教学主张是以英国唯物主义哲学家培根的感觉论为理论基础而提出的。正如马克思、恩格斯所指出的那样，在培根看来，"感觉是完全可靠的，是一切知识的源泉。科学是实验的科学，科学就在于用理性方法去整理感性材料。"因此，在夸美纽斯的著作中，一再强调感觉对于知识的重要性。按照夸美纽斯的看法，所谓"事物"，就是指一定的、真实的、有用的能够在感官与想象上面印上印象的东西。所以，夸美纽斯便给教师们定下了一条金科玉律，"在可能的范围以内，一切事物都应该尽量地放到感官的跟前。一切看得见的东西都应该放到视官的跟前，一切听得见的东西都应该放到听官的跟前。气味应放到嗅官的跟前，尝得出和触得着的东西应当分别放到味官和触官的跟前。假如有一些东西能够同时在几个感官上面留下印象，它便应当和几种感官去接触。"如果事物本身不可能展示在面前，那就可以用制作的范本、模型或图画来替代。夸美纽斯说："眼睛看到美丽的图画，耳朵听到美丽的曲调，它们是不必督促就会去欣赏的。"他认为，美育具有形象性、直观性的特点，不仅对青少年具有吸引力、感染力，同时，通过生动的直观形象的教育，亦有助于发展想象力并便于记忆。更重要的是，他的理论还大大充实和丰富了直观教学的手段，不仅包括运用绘画、浮雕等艺术手段，而且也拓展到了实践活动中去。

普列汉诺夫曾说："一件艺术品，不论使用的手段是形象或声音，总是对我们的直观能力发生作用，而不是对我们的逻辑能力发生作用。因此，当我们看见一件艺术品，我们身上只产生了是否有益于社会的考虑，这样的作品就不会有审美的快感。"美的事物总是具体的、形象的、可感的。我们利用美感的特点或与美感的作用相结合的审美教育，自然也不能脱离对具体形象的感知或脱离直观性。所以，审美教育必定是直观教育，或许可以说是一种高级形态的直观教育。而当代校园文化可以利用物质环境的建设、艺术作品的展示以及一定的社会实践活动，让校园人直观地受到美的感化。

二、情感教育是美育教育的"地下暗河"

所谓"情感教育"，便是通过情绪的感染作用，产生潜移默化的隐性教育功能，这是对儿童和青少年进行美育的一条重要途径。我们要善于捕捉那些转瞬即逝的情感表现，如怜悯、惋惜、自傲或嫉妒等，对其加以诱导和转化，可以帮助青少年在茫茫的个人情感海洋中掌握行进的方向。美育需要通过情感教育，是由它自身的特点所决定的。

1. 美育本身是一种独立的情感教育

王国维先生认为："人心之知情意三者，非各自独立，而互相交错。""美育者一面使人之感情发达，以达完美之域；一面又为德育为智育之手段。"蔡元培也曾说："……其他有教育学之一科，则亦心理之应用，即教育学中，智育者教智力之应用，德育者教意志之应用，美育者教情感之应用也。"西方美育运动论者也主张美育"全着重于美的享乐……如缺乏美术或其他之情的生活，则人生光唯陷于枯寂无聊，抑且由美的情趣之减少，无形中是以破人生圆满之发展。吾人不徒努力正大之人生，抑且希求兴趣之人生。"可见，美育本身就是一种情育。

2. 美育的实施离不开情感的参与

美育实施的主要手段是通过艺术作品，而艺术创造又首先取决于创造者的情感状态。有人甚至把艺术创造与情感表达等同起来。如苏姗·朗格认为："艺术是人类情感的符号形式的创造。"袁枚也曾论及："人必先有芬芳悱恻之怀，而后有沉郁顿挫之作。"可见，通过艺术作品感染学生并不是通过技巧，而必须借助情感的交流。再次，情感也是人格的重要组成部分。教育之宗旨为培养完全之人物，个体的情感生活也决定着个体的心理健康状况。心理状况不佳的人往往情绪紧张水平过高或过低，不能很好地识别别人的情绪，也不能有效地表达自己的情绪，这种状况使得他们不能与其他人形成正常的社会互动关系。而美育过程中的情感交流可以提供给他们良好的情感及表达的渠道，并使这种情感交流自然和谐，不带有任何强制意味，使学生更易接受。情感教育在现实生活中有着重大的意义。人类有着诸如喜、怒、哀、惧等基本的情绪，它们都具有先天性，而后通过人与人之间的沟通，又形成了如同情、爱等高级的情感形态。而审美情感则是一种更为复杂和精细的感情，它不具备先天性，也不可能在交流中发展，而需要有意识地引导。又因为审美情感是"不可言传"的，也不存在任何可以分析的步骤，只能让学生直接体会教师或艺术作品在特定情景中流露出来的情绪和感情，或快乐，或崇敬，或悲伤。

怎样实施情感教育呢？朱光潜先生曾指出两条途径可做借鉴。

（1）不能仅仅以"知"的方式，而更要以"感"的方式来看待自然和生活。由于人与人、人与物之间都有共同之点，以及相互感通之点，因此当我们抛却理智认识世界的方式，以"推己及物""设身处地"的方式去感触这个世界时，我们不但会把在我的感觉误以为在物的属性，而且会把无生气的东西看成是有感情的东西。比如，老师布置学生写一篇纪念该校一位热爱教育事业，最后倒在讲台上的老师的论文。他首先与学生一起回忆、交流这位老师的事迹，并播放哀乐以示悼念，很快，每个人都沉浸在悲伤的气氛之中，从而激发学生强烈的写作冲动，写出来的作文自然情真意切，充满着对这位老师的尊敬和热爱。

（2）艺术作品也可以滋养情感，使之生展。蒋孔阳先生曾举了自己亲身经历的一个例子足以说明问题。他说："抗日战争刚刚爆发的时候，我在初中读书。一天，来了两位抗敌宣传队的队员，他们把全校同学召集在一起，不讲任何一句话，只是唱《流亡三部曲》。先唱《松花江上》，全场唏嘘，无不痛哭；又唱《打回老家去》，全场的情绪立刻为之一振，所有的同学都沸腾了起来，恨不得立刻杀上敌场。这是四十七年以前的事了，但它给我的印象是那样深，以至于当时不能抗拒，现在也不能忘记。像这样通过文学艺术以及其他的审美方式，来打动人的感情，来对人进行教育，使人的心灵深处受到感染和感化的活动，就是我们所说的审美教育。"因此，审美教育就是情感教育，因为"美是和感情联系在一起的，美不美，就在于能不能调动人的感情。"我曾经读到过一则材料，说一名看上去挺正常的男子有一个怪癖，便是喜欢挤公共汽车，车越挤越开心，最后心理医生诊断他是患了"皮肤饥饿症"，原因是在生活中得不到正常的满足。

中华民族是一个含蓄的民族，中国人习惯深沉，感情不外露，但这也给我们留下了许多遗憾。同时，当今许多的教师和家长也忽视情感教育的重要性，致使许多孩子只会"死读书"，两耳不闻窗外事，使孩子的生活暮气沉沉，情感世界一片空白。针对这一现象，我们可以借鉴一下德国的善良教育，他们从孩子很小的时候就开始教育儿童要爱护动物、善待生命、怜贫惜弱、宽容待人，用以丰富孩子的情感。我们利用校园文化进行情感教育，可以借助整个校园环境的整体布置等外部物质环境，让学生感受大自然的美，还可以利用课堂上的情感交流，通过欣赏音乐、电影、绘画来陶冶情操，培养美好的情感。

三、趣味教育是美育教育的"羊肠小道"

所谓的"趣味"作为美学概念来讲，意指一种辨别、选择、判断与享受审美对象的能力，是人在审美活动中所表现出来的心理定式。它以喜爱或不喜爱的情感评价形式，决定对事物的取舍。它具体表现为个体的审美偏爱或选择，也可以体现为一定群体共同的审美倾向。所谓"趣味教育"就是指针对人的趣味所做的引导工作，即将人的趣味从低级引向高级。

一个人的趣味与他的生活态度和人生价值理想直接有关，一个人喜爱什么或排斥什么，总是由他的基本生活价值取向所决定的。所以，从这个意义上说，美育与趣味教育之间存在着十分密切的关系，且趣味教育也是一种人生教育。

梁启超是谈趣味教育最有系统，也是最具代表性的人物。梁启超是趣味主义者。他在《趣味主义与教育趣味》一文中说："假如有人问我，你信仰的是什么主义？我便答道，我信仰的是趣味主义。有人问我，你的人生观拿什么做根基？我便答道，拿趣味做根基。"可见，梁启超是把趣味当作信仰和人生观这样的头等大事来对待的。梁启超认为，趣味这种东西是由内发的情感和外在的环境交错产生出来的。在现代人的生命中，趣味是生活的原动力，趣味一旦丧失掉，生活便成了无意义。一个人麻木，那人便成了没趣的人；一个民族麻木，那民族便成了没趣的民族。然而，趣味又有雅俗高下之分，因此，引导青少年摆脱下等趣味，追求高等趣味，这在美育上具有极为重要的意义。因此，梁启超在《趣味教育与教育趣味》一文中指出："人生在幼年青年期，趣味是最浓的，成天价的乱碰乱迸，若不引他到高等趣味的路上，他们非流入下等趣味不可。"美育中的趣味是高雅的，因为它是健康、平等和自由的。

席勒说："在审美趣味的领域里，即使是最伟大的天才，也必须放弃他的至高无上的威严，亲切地俯就儿童的理解。力量要受娴雅美丽的女神们的约束，高傲的狮子也要服从爱神的钳制。为此，审美趣味以自己轻柔的面纱覆盖着肉体的欲求，以免这种欲求在赤裸的形态下会辱没自由精神的尊严。……在审美的国度中，一切事物，甚至使用的工具，都是自由的公民，同最高贵者享有同等的权利。"

"趣味"的力量是极具强大的，因为它不仅是生命的原动力，而且始终与人的情感、人的审美品质紧密地联系在一起。"用理解来引导人，顶多只能叫人知道那件事应该做，那件事怎样做，但是被引导的人到底去不去做，没有什么关系，有时所知的越多，所做的倒越发少，用情感来激发人，好像磁力吸铁一般，有多大分量的磁，便引多大分量的铁。"行政命令或道德教化主要是针对人的理性，它们只能对趣味发生间接作用，而并无直接作用。只有从感性出发的美育，才能对人的趣味产生直接的引导作用。

强调当代美育需要趣味教育，有下列几点原因。

（1）从人的趣味形成来看，趣味从来就不是天生的，而是环境的产物、文化的产物。

（2）从趣味的性质来看，它有高下之分、美丑之分、善恶之分，所以，趣味也有教育和引导的必要。

（3）从趣味的作用来看，趣味与人生有很重要的关联，它能够影响人的生活品质以及人对生活的评价。

因此，趣味也是人生必不可缺的一个因素。近年来，随着中国文化环境的改变，尤其是大众文化的兴起和发展，其中不乏一些庸俗文化对当代青少年产生了负面影响，使得他们对物质生活需求十分强烈，而对精神生活需求十分淡漠。所以，我们要利用校园文化，尤其是它的社团学习、课余的文艺活动，帮助校园人选择高雅趣味、鄙弃低级趣味，从而追求一种精神心灵的满足，达到美化人生的目的。

四、游戏教育是美育教育的"九曲小溪"

提到游戏，许多人都会认为这是一种浪费时间的消遣娱乐活动，尤其是在当今这个连教育都讲究"效率"，片面追求"分数""智育"至上的急功近利的时代，游戏被彻底地抛弃于校园之外。但是，游戏是一个人成长过程中不可缺少的因素，游戏中蕴含着教育的成分，游戏本身也是教育的一种手段，这一点，许多伟大的思想家、教育家早就提出过。

在西方，关于游戏一说阐述得较为有名的当数席勒。他曾说："只有当人在充分意义上是人的时候，他才游戏。只有当人游戏的时候，他才是完整的人。"席勒还指出，美的艺术、高尚的艺术是在游戏中通过美来净化人们，促使他们在闲暇时得到娱乐，在这种愉悦的消遣中不知不觉地排除掉任性、轻浮、粗野等劣根性，最后达到性格的高尚化。这样，才能在权利的"力量王国"和义务的"伦理王国"之上建立起神圣的"审美王国"。这个"审美王国"的基本法律，便是通过自由来给予自由，人只能作为游戏的对象而与人相处。于是，审美教育自然而然地达到了既改造个人又改造社会的高尚目的。从这些论述中，我们不难发现，席勒将游戏放在了一个很重要的位置，它不仅是体现人性完整的一部分，同时，亦能起到改造社会的作用。

除了席勒，在西方还有很多先哲们关注到了游戏对于儿童的重要作用。比如，德国幼儿教育家福禄培尔曾在《人的教育》一书中这样呼吁："母亲啊，培养儿童游戏的能力吧！父亲啊，保卫和指导儿童的游戏吧！在一个真正懂得人类本性的人的宁静而敏锐的目光中，儿童自发的游戏，显示着人的未来的内心生活。"尽管他夸大了游戏对儿童未来的影响，但不可否认，游戏确是影响儿童未来的主要因素之一，同时在塑造儿童人格、精神世界和行为特征中起着主要作用。当然，斯宾塞等人也论述过游戏的问题，在这里，就不一一赘述了。

其实，在中国也有许多的思想家、教育家郑重提出游戏对于儿童教育的重要性，鲁迅先生就是其中之一。鲁迅先生受过科学教育，对儿童的心理有深刻的了解。他在《风筝》一文中这样写道："游戏是儿童最正当的行为，玩具是儿童的天使。"在该文中，他回忆起自己年轻时，曾阻止十岁左右的小兄弟放风筝，以为这是没出息孩子所做的玩意，愤怒之下，把那只风筝折断踏扁了。这一幕往事使他长久不安和内疚，一想起来会"忽地在眼前展开，而我的心也仿佛同时变了铅块，很重很重地堕下去了，但心又不竟堕下去而至于断绝，他只是很重很重地堕着，堕着"。这种追悔显示了鲁迅对儿童的热爱，同时也表明游戏在鲁迅先生的美育思想中占有一席之地。

系统地论述游戏与教育的关系的当数陈望道先生。他曾写的一篇文章《游戏在教育上的价值》在当时非常具有代表性。他在文中指出，儿童的生活是游戏的生活；儿童的世界，是游戏的世界。儿童除掉睡觉以外，没有一刻不在游戏中过活。这个看似夸张的观点，实际上是符合事实的。儿童想出种种办法做种种游戏，虽然大人们压制他，不许他那样弄，但不到几分钟，他依然故态复萌，这是什么缘故呢？陈望道列举了西方一些有关理论，如精力过剩说、疲劳说、能力练习说、反复说等，概括地指出人类在幼年时代，因为有天赋的活动性和好奇心，不得不游戏。不游戏就不能发展儿童的本能如果能力过剩，反要做出不道德的事情来。这个从儿童生理心理学出发得出的结论，无疑揭示了游戏的科学机制，以此，他批判了我国老学究反对游戏的陈腐观念，认为"这种栽贼儿童天性的教师，我不能不说他的良心太坏了"。

因此，他指出游戏的作用：其一，游戏可以养成健全的体格；其二，游戏可以养成活泼的精神。此外，游戏还可培养美德。关于第三点，陈望道还引用了杜威批评中国教育的一段话："中国人偏重被动的道德，将来须趋于主动的道德才好。被动的道德是什么呢？就是守分、安命、知足、安贫、朴实、坚忍等。主动的道德是什么呢？就是创造、发明、活动等。这种主动的道德，要在学校里游戏中培养出来。"从这段话中，我们已不难发现，游戏不仅是美育实施的一种方法，同时，它还有辅助德育的作用。

再观当代的教育现状，曾经在20世纪五六十年代一片繁荣的儿童游戏文化已经在当代儿童的童年时代消失。曾经为人们所熟识的过家家、丢手绢、拔萝卜、老鹰捉小鸡、捉迷藏、跳房子、踢毽子等儿童游戏已不见踪影。究其原因，大致有以下三方面。

（1）进入20世纪80年代后，社会竞争加剧，各种文化与特长技艺的课外辅导教学几乎填充了孩子们的全部课余时间。

（2）生活环境的变化。城市的改造让大杂院和弄堂、胡同式的家居环境换成了紧闭的单元房门，冰冷的防盗门隔绝了以往开放式的居住格局，造成了儿童严重的"伙伴危机"。

（3）计算机的普及和网络技术的发展开创了现实世界之外的虚拟世界，电脑游戏代替了以往的现实游戏形式。所以，我们会惊奇地发现，现在的孩子越来越不会"玩"了。

然而，一个时代的物质营养决定一代人的体格状况，一代人的儿童游戏文化生活造就一代人的精神品质。儿童游戏文化绝对是儿童成长过程中不可忽视的精神营养素，游戏本身就蕴含着教育的因素。儿童游戏内容渗透着孩子们对社会的感受和理解，无师自通地把社会现象转为游戏内容，充分体现了孩子们的智慧、灵感和创造力。儿童游戏也有助于儿童人格的形成，在游戏中儿童可以学会交际、交流、协调、合作、妥协等技巧。

通过游戏，儿童不仅能娱乐精神、释放情感、了解自然，还能适应群体生活，懂得行为规范，建立正确的社会价值观，为将来进入成人社会做好准备。游戏既然如此重要，就必须在教育内容中有所体现。我们不可能开设专门的游戏课，这不符合游戏的特点，但是我们却可以营造一种文化氛围。那么，校园文化建设就是一个很好的平台。我们可以将游戏的形式融入教育教学内容中去，同时又可以创建一个游戏的环境，让儿童在校园这样一个环境中感受游戏的魅力，参与游戏的过程，爱上游戏这种教育形式。我国学者资华筠在人类学国际会议上，提出各国的民族民间传统文化犹如人类的"精神植被"这一理念。我们也可以说，儿童游戏文化就是未成年人健康成长的"精神植被"，是运用校园文化实施美育不可缺少的一个环节。

德智体美，德育为首，而以美育德是一个好途径。

从美学的角度讲，德育的目的是把学生塑造成为美的人。

使学生既具有相貌、体态、服饰、行为、风度等方面的外在美，

也具有精神品质、心灵和情操等方面的内在美。

学生爱美的本性和德育的主要目标应该说是一致的，与美育
的目标也是一致的。

德育和美育是可以融合的。

在现实中，我们并没有将德育与美育融合起来，德育效果不
好，美育成效也差。

第三章 美育与德育融合

第一节 德育、美育需要融合

一、中学德育与美育融合的必要性

道德发展需要经过无律—他律—自律—自由四个阶段。如果学生个体的发展无法达到道德自由阶段，其道德人格是残缺的，令人遗憾的。当前的德育方式存在着单一性与强制性，常常以简单的说教灌输代替"育"的全部过程。中学生身心发育处于成熟与非成熟之间，他们的思维方式是直觉式的、意象型的，好模仿且易接受形象的东西，所以他们中的大多数人对于空洞、抽象的说教难以理解和接受。如果德育只是单方面强迫性地向学生灌输道德观念、规范行为，学生身在其中只知道应该怎么样，而不知道为什么这样，那么学生的道德行为只是被迫的行为，学生的道德只是他律的道德。一旦离开德育规范性的环境，他们就会"原形毕露"。比如说学生在学校不会扔果皮纸屑，一出校门就会，原因大概就在此吧！而一旦他律的道德形成，学生的道德就难于向自律的道德转变，更不用说达到道德自由阶段。

二、中学德育内容忽视了学生主体的需要

心理学研究表明，人的一切活动都源于人的需要。自由道德作为人类社会文明一道亮丽的光芒也与需要密切相关。道德需要是道德行为的出发点和原动力，是道德主体渴望完善自己、完善人生的一种高级精神需要。自由道德的形成是一个复杂的心理过程，其间个体的道德需要是内化道德认识，产生道德情感，再外显为道德行为的心理基础。简而言之，自由道德的过程实质上就是道德需要产生并得到满足的过程。学生参与德育活动总是以满足自己的需要为前提，并从自己所关心的问题开始的，甚至是自我选择、自我塑造、自我完善和自我实现。所以德育内容要符合学生的心理特点，才容易被他们理解和接受。

因此，一切道德规范和道德条文只有当它成为人的心灵的信仰和需要之后，才能在实践中付诸行动，帮助受教育者在关心物质利益的同时，也追求精神价值；在追求知识技能的同时，也重视内心世界的丰富和提高；在寻求个人需要满足的同时，也充分尊重社会与他人的需求，荡涤灵魂，追求美好，自觉扬起追求远大理想和高尚人格的风帆，在平和的心态中找回自己失落的精神家园。但是当前的德育忽视了学生主体情感的需要。

三、中学教育理念滞后时代发展

改革开放以来，科学技术和文化以前所未有的速度迅猛发展，这使传统的价值观念正经受着时代的洗涤，社会道德要求和价值取向也不断向学校德育工作提出新的挑战，有效解决了经济的迅猛发展所引起的道德领域的沦丧。所以如果德育只按照一般的理念来设计，既不经济，也缺少活力，使人充满疲惫，加剧了德育发展与时代发展的不协调。所以，德育要保持鲜活的生命，当前道德教育上说教式的灌输将首先被克服，教育方法不仅是科学化，而且是人格化、情感化和美感化的。教育内容也必须走出传统经典，从而更加生活化、时尚化。

四、德育工作者对德育工作缺乏应有的前瞻性思考

德育工作遇到的挑战在很大程度上与德育队伍的素质有关。前瞻性是对德育教育者自身素质提出的较高的要求。当前学校虽然重视德育工作，但由于德育工作者知识结构相对比较陈旧、知识面不够宽、对先进德育成果了解较少、重经验轻创新、过分忙于事务工作，往往注重的是德育短期效果和表面成绩，这种短期行为违背了德育的本来宗旨，忽视了人才成长的内在规律和长期效应，不能"大视野、多角度、深层次"地思考和整体规划育人工作。所以德育工作者从美学那里借鉴的远非工具性的，更是一种关于教育的全新的世界观，充分地估计到学校德育工作将要面临的各种各样问题，对德育工作有前瞻性思考，不断提高自身素质，提高自己的认识高度，以适应和满足未来社会发展和国际竞争对学校德育的要求。

第二节 德育、美育可以融合

一、融合不是合并，而是相互作用、相互浸染

1. 德育具有规范性，而美育具有熏陶性

德育是规范，道德观念、政治观念是一定的社会生产关系所决定的，它表现为已经形成的种种社会关系对社会成员的社会规范性要求，在规范中对人的精神起激励、净化、升华的作用。它主要是作用于人的意识的、理性的层面（思想的层面，理智的层面），培养人作为社会存在而具有的理性、道德。美育是熏陶，是感发，又在感发中对人的精神起到激励、净化、升华的作用。它主要作用于人的感性和情感层面，包括无意识的层面，就是我们常说的"潜移默化"，它影响人的情感、趣味、气质、性格、胸襟等，并且激发人的创造潜能。

2. 德育具有说理性，而美育具有情感性

德育的根本任务是有计划、有组织地对受教育者施加系统的影响，把社会政治思想和道德规范转化为受教育者内在的思想品质，并表现出相应的道德行为。实现和完成德育的这些任务，主要是通过理论教育和社会实践来进行的。就理论教育来说，应以说理的方式把政治理论和道德规范讲深、讲透，提高受教育者的政治理论水平和道德认识水平，以理服人，以理激情。在深刻认识和理解的基础上，受教育者才能在实践行为中体现出自觉性和坚定性，从而产生预期的德育效果。美育是一种情感教育，它以美的事物拨动人的感情之弦，使受教育者伴随着强烈的感情活动，处于美感的激情状态，还使人从心灵深处受到感染，并通过情感的体验，培养对美的热爱和对丑的厌恶，从而得到道德的"净化"、情感的陶冶和精神人格上的升华。以情动人是美育的基本方式，无论从审美教育过程来看，还是从审美教育的效果来看，动情是贯彻始终的。

3. 德育具有强加性，而美育具有自由性

德育的接受方式带有外在的强加性。各种道德规范和比较稳定的道德舆论要求社会成员予以遵守，这些都是具有不依个人意志为转移的性质，只有节制、压抑那些不符合社会要求的欲念才能实现道德教育的任务。我们的德育就是要根据社会主义道德规范和共产主义道德理想要求个人履行对社会和他人的责任、义务，对个体施加道德影响，这种道德影响总带有外在的强加性。美育不需要强迫灌输、说服动员，它以自由活泼、轻松愉快的方式进行，靠美本身的魅力来吸引人。人们听音乐、看电影、游览名胜，并非由于外力的强制，而是出自对美的渴求和向往。因而审美教育无论就施教者看，还是受教者看，都具有自由性，都是以自由的方式进行的。这种自由性，实质是一种自由享受、享乐，它不需特殊的强迫和努力就可获得，因而乐于为人接受。在美育过程中，受教育者不是被动的、受支配的教育对象，而是主动积极地去获取教育的主体。

4. 德育具有刻板性，而美育具有趣味性

德育以说理的方式把政治理论和道德规范讲深、讲透，以提高受教育者的政治理论水平和道德认识水平，所以在方式手段上比较枯燥刻板。美育是根据和利用人的生理条件来促进人的身心的全面发展，尤其是依赖"感觉器官"和"神经系统"方面的特点，通过审美和艺术活动来激发人们的感性，为人的感官发展与丰富提供广阔天地，使人的感官由于外界的刺激而保持鲜活的生命并且日益敏感起来，使人的感情和想象力被不断激发而日益丰富起来，使人的世界观、人生观和观念上的心理要素得到"发育和成熟"。而这种"通感"的作用在艺术创作、艺术欣赏和艺术教育等一系列的艺术活动中表现得最为突出。尤其在艺术欣赏活动中，人的"感觉器官"几乎完全被"打通"了，听音乐可以感受到"音乐形象"的存在，看美术作品能感受到节奏、韵律。故有"建筑是凝固的音乐""音乐是流动的建筑"等表述，它使审美的对象变得鲜活而有趣味。

5. 德育具有统摄性，而美育具有开放性

德育在与其他诸育的相互支撑中进行，并且具有统领作用和辅助作用；美育的开放性使得"美能载德，亦能覆德"。所以我们在进行审美教育时，德育要为审美教育规定方向，它对美的标准、审美教育内容起着方向指导和保证作用。

6.德育是理性的说教和灌输，而美育是感性的引导和诱发

德育是一种理性的说教和灌输，诉诸人们以理性，尽管也可以采取一些生动活泼的形式，但它终究是理性化的，使人们认识到应该怎样去做，但受教育者基本上处于被动地认识与接受的位置。而美育是一种感性的引导和诱发，它是运用形象化的手段来对人进行教育，始终保持着感性的生动性和直接性。美育是靠受教育者的人生体验与领悟，从趣味满足中获得认同和教益，它是理性教育（如德育、智育）不可缺少的补充。因为它们培养的人格侧重于理性，而健康的人格不仅是理性的，还应该是感性的，是理性与感性的协调发展。因此，德育有自己固有的特点与优势，但美育的功能也具有为德育所不可代替、无法涵盖的方面。

二、融合需要黏性，寻找一致、优势互补

1.美育和德育的一致性

（1）美育和德育的目标是统一的、一致的。王国维说："美学上最终目的，与伦理学上最终之目的合。"建立完美的社会制度，实现人的自由、和谐、全面发展，是美的本质，是美育追求的最高境界，也是德育追求的最高道德理想。德育和美育都属于素质教育，其最终目标都是为了提高儿童的内心修养和精神境界，从而培养、造就全面发展的一代新人。因此，美育和德育从根本上是一致的。

（2）美育和德育在内容上有着相互渗透、相互重叠的地方。人与人之间崇高的道德行为，从道德观点来看是善的，从审美观点来看又是美的。善是美的灵魂，美是善的光华。美与善有着一致性，都是以真为基础，且受一定社会关系的制约，因而社会生活中同一事物、同一行为，既可作善恶评价，也可作美丑评价，德育中包含美育的内容，美育中也有德育的因素。由于善与美的统一，所以崇高的道德行为，是德育的内容，也是美育的内容。除了一般理论上真善美相融的论据外，还有一个对于教育者来说是更为直接和现实，也更有意义的理由，那就是教育对象的审美判断和道德判断具有原创性相融，在中外美学史上，人类早期的审美活动中普遍存在着美善不分，即善即美，以善为美的现象。在儒家学说中倡导的德美统一的人生境界都说明了在审美活动中，审美

主体的审美判断和道德判断存在着原创性相融，从事审美、立美活动和道德课程教育的主体活动有着密不可分的一面。

（3）由于美与善有着统一性，这也决定美育过程与德育过程的部分统一性。人们对社会生活的审美过程，总是渗透着他们政治的、道德的观点和评价活动；同样，德育过程中也渗透着审美意识活动。在许多情况下，美育与德育统一于一个过程中，审美教育中包含着道德评价，道德教育中具有审美性。例如，一幅风景画的欣赏也包含着热爱大自然、热爱祖国的道德教育倾向，所以它们总是结合在一起的。

（4）从审美心理结构和品德心理结构来看，美育与德育也有一些共同点。①它们都是以人的知、情、意、行为基本构成要素，而且都是以情感为"内化"的动力，即王国维所说的"德育即意志，美育即情育"；②审美与品德心理结构都涉及一种主客体的关系，审美心理结构中的主客体关系表现为人与审美对象的关系，品德心理结构中的主客体关系表现为个体成员与社会整体的关系；③审美与品德心理结构的构建方式都共同经历过内化与外化的过程，只不过在内化的内容和外化的表现形式方面有些差别。

总之，美育与德育只有一个共同的对象——学生，审美心理结构与品德心理结构的建构过程最终也都要落实到这一共同对象之上，这些都为我们把美育与德育两种活动统一在共同的过程中，为两者实现同构奠定了基础。

2. 美育和德育的互补性

由于美育和德育有着内在联系，它们在社会效果上也就存在互补性。这种互补性表现在一个方面就是美育和德育互相促进，其心理成果互相积淀，在互相融合中不断丰富、完善和提高人的文化心理结构。另一方面就是在现实生活中二者对人的心理进行调节。

人之所以需要这种调节，原因有四点。

（1）人的需要是多方面的，既有物质方面的需要，又有精神方面的需要，精神方面既有求真的需要，又有向善的需要，还有爱美的需要，缺一不可，因此应全面协调发展。

（2）各种需要有自己的特殊功能，不能互相代替。所以审美和伦理都是人所需要的，它们在满足人的精神需要、塑造人的文化心理结构方面，各有长短，互相调节。伦理方面的不足，需要美育去调节；审美方面的不足，需要德育去调节。美育与德育之间的歧义既构成对立，又在更高层次上实现了统一，从而使人的心理功能得到平衡、协调发展。

（3）善与美从文化存在的角度看是统一的，尽管其统一的历史形态不同，但统一是一以贯之的史实和现实，可以预知未来的理想文明也必将是以"美"为体、以"德"为形的文明。

（4）审美、情感需要、意志、直觉等同道德结构的相应心理成分之间有相互沟通和促进的一面。

（5）审美活动本身具有储善、导善与立善性的间接辅助性功能，蔡元培先生说："所以美育者，与智育相辅而行，以图德育之完成者也。"而品德对美、德育的促成作用主要表现在德育内容及其教育对于教育对象之审美观的影响上。美育的任务中审美与立美都离不开审美观，审美观的形成固然与艺术美学修养有关，也与个人世界观、道德修养有直接关联，"一个庸俗、品质低下的人，是不可能做出很好的审美判断的"，这就是根据德育对美育的促进作用所做出的结论。

第三节 德育、美育必然融合

一、德育与美育融合的理论

德育给美育以丰富充实的内容，保证了美育的正确方向。美育为德育提供了有感染力、吸引力的手段。美可以辅德，美育可以融合到学校德育教育的整体中发挥作用，使它们能充分发挥各自的价值，这也可以在西方"格式塔"美学心理学和"移情说"的理论中找到依据。

"格式塔"美学心理学所主张的"同构说"认为，心灵与外物的同构关系是形成美的基础条件，由于经验到的空间秩序在结构上与作为基础的大脑分布的机能秩序相统一，从而将事物知觉为统一的整体，实现对象的完形化。

西方传统美学中代表美论之一的"移情说"则认为：在审美心理中，"移情作用"是"外射作用"的一种，人们把在"我"的情感、意想外射到物的身上去，使它们变成物，这种"对象的人化"过程即外射作用，而情感的外射就是"移情"。这种通过自己的心灵阐释外部世界的过程主要表现为"以我观物""以物观我"两种形态。

"同构"和"移情"理论对于德育的重要启示在于以下几点。①德育过程应当以受教育者接受为中心，而不是以教育控制为中心；②德育过程应当尽可能进行充分的形象传达；③德育过程是一个促使受教育者在对象（德育信息）中发现自己的过程。

二、德育与美育融合的原因

1. 美育的心灵教育——道德认识发展的必要条件

美育是心灵的教育，心灵交往是人精神活动的需要。人正是凭借心灵的交往，才使心灵有了思想的底色，精神世界不断丰富。"知性启蒙不能脱离人的感性现实，因为必须经过心灵才能打开通向头脑的道路。"日本教育家小原国芳也曾专门论述教育的"心灵化"问题，他把心灵化视为教育的基本取向，教育就在于向心灵的靠近，越是能够接近学生心灵的教育越是完美的教育。同时"美是一种心灵的体操，它使我们的精神正直、心灵纯洁、感情和信念端正"（苏霍姆林斯基语）。所以只有把通向心灵的道路引入学校的道德生活，使学校德育成为学生的"心灵体操"，使学生的心灵有所触动而驱除了头脑中的劣根性，最后才能达成陶冶生命的境界，使他们生活在充满高尚、伟大和精神丰富的形式之中形成良好的道德认识，从而促进人的全面和谐发展。苏霍姆林斯基还认为，所有在德育手段不能达到的精神世界，美育的手段都能触及它。所以我认为德育必须要与美育融合，在美育中寻找德育最佳的途径方式，让德育内容、理念，以及其显示的形式、方式、方法合乎美的规律，借助美的形象、美的感召力来打动学生的心灵，引领学生对道德的认识，促进道德情感的发展，那么道德思想就会轻松、自由地注入学生的心灵，为道德意志的培养和道德行为的形成提供依据。

2. 美育的形象教育——优化德育方式的必然选择

人的一切活动都源于人的需要。道德自由作为人类社会文明的一道亮丽的光芒也与需要密切相关。上面已经提到"同构说"的理论，认为心灵与外物的同构关系是形成美的基础条件。道德主体渴望完善自己、完善人生的精神需要，才能把道德需要转化为道德行为，成为道德行为的出发点和原动力。自由道德的形成更是一个复杂的心理过程，但其间个体的道德需要是内化道德认识，产生道德情感，再外显为道德行为的心理基础。所以学生参与德育活动总是以满足自己的需要为前提，并从自己所关心的问题开始的。"当你对他们施加影响时，你要按照他们应该的样子来设想；但当你为他们去行动时，你要按照他们实际的样子来设想。"不错，学生身心发育正处于成熟与非成熟之间，好模仿、易接受形象的东西。美育是形象教育，它是通过美的事物的具体可感的形象来感染人，触动人的情感以达到教育的目的。各种不同类型的美，都是以具体的、可感的形象表现出来的，离开了具体的形象美就无所依托。车尔尼雪夫斯基说："形象在美的领域中占统治地位。美是在个体的、活生生的事物里，而不在抽象的思想里。"因此不论是社会美、自然美还是艺术美，都是以鲜明生动的形象（由色彩、线条、形体、声音等形式因素构成）诉诸人的感官，影响人的思想感情。美育正是借助美的形象的丰富性、美的感召力来打动人们的内心，启迪人们的心灵，引起精神上的升华，影响人们的信念和理想。所以美育是优化德育方式的必然选择，德育只有与美育相结合，借助于美育的形象和感召力，才能使德育成为学生主体的需要。

3. 美育的情感教育——道德生成的催化剂

无论对道德作何种认识，学生道德品质的生成都是以需要为基础的。但是如果没有情感的铺垫，道德需要只是一句空话，那么个体道德品质的生成将失去它最为基础、最为内在、最为根本的依靠，因为美育是情感教育。克罗齐认为："凡是艺术都是抒情的，艺术作品都是把一种心情或一种感情寄托在一个或数个意象里。"可见，艺术是情感的凝结，美育引起强烈的感情活动，使人处于美感的激情之中，人们的意识完全被其情感而占据，所以"受教育者有更高程度的自发性和更加积极的主动性"。并且在审美的过程中由于移情的作用受教育者进入一种忘我的境界，可以不受任何束缚，不受任何羁绊地把自己和艺术作品融为一体，本来是物所想、物所思、物所感觉的东西，可是由于移情的作用，"我"将认为是"我"所想、"我"所思、"我"所感，是物的情趣与"我"的情趣和的往复回流，"让他在外物界寻回自我"。（黑格尔语）因而现实生活中的种种负面和消极的情感、因素在审美过程中，在以"我"观物、以物观"我"过程中，都被升华为一种高级的状态，从而使那些污秽的、荒唐的时髦追求与内心空虚得到校正，使崇高的理想得到确立，美好的品格得到培养，内在的精神得到升华。所以美育以情动人，以熏陶方式诉诸人的审美情感，比德育有更强的渗透和改造力量，一旦德育与美育融合，它就是一剂催化剂，可催发理性说教在强烈情感中，在学生的心灵中生根开花，大大提高了德育的实效，促进学生全面和谐发展。

4. 美育的审美教育——实现道德自由的重要因素

美育是审美教育。它不需要强迫灌输、说服动员，而是以自由活泼、轻松愉快的方式进行，靠美本身的魅力来吸引人，并且美育内容丰富，覆盖面广，形式多样，为大家喜闻乐见，克服直接说教，强调间接教育，教育理念含蓄隽永，让受教育者在教育者的引导下，自己去领悟。它强调的是让受教育者自身感受生命，发现自我，让受教育者们"仁者见仁，智者见智"。人一旦发现生命所有的生机，领悟到生命的真谛，感受到生命强烈的震撼力，领略到含蓄的力量时，便会产生审美愉悦、精神愉悦。现实中德育方式存在着单一性与强制性，常常以简单的说教灌输代替"育"的全部过程，规范性的内容太多，学生只知道应该怎样，而不知道为什么，所以离开德育规范性的环境，学生很难自觉形成规范性的行为，规范性行为要靠学生个体内在的需要才能生成。伦理道德的核心是自由意志，它表现为主体人对行动不是受动的约束，而是通过自己自觉自愿的选择。要达到自觉自愿，自由意志，又不违反道德规范，这对于教育主体的意志心理结构的塑造是要求很高的，主体要培养自己能够自觉地排除生理本能的、非理性的冲动和意念，这需要主体对现实美与艺术美有深刻的感受和领悟能力。特别是对于生活美，能够对生活充满信心和乐趣，对学习充满热爱和对美好执着地追求。所以德育的理能否打动学生，并为学生所接受，在很大程度上取决于从德育的形式到德育的内容能否给学生以愉快、以审美的感受。美育的审美教育使得"美育可以成为一种手段，使人由素材达到形式（理性秩序），由感觉达到规律，由有限存在达到无限存在"。

第四节　德育、美育无缝融合

一、中学德育"以美育德"模式的基本原则

对于"以美育德"的模式，戴锐教授认为："像美育那样进行德育，是以德育为目的、德育为本体、德育为形式，运用美育的规律、美育的方式方法，通过审美心理和审美能力的培养，影响人的品德心理，从而实现德育目标。"因此，中学德育的"以美育德"模式要想实现德育目标，必须遵循以下原则。

1. 实效性原则

教育效果总是通过一定的教育落在个体特定的"心理基础"上而产生的，所以，使教育的方法、内容、目标适合受教育者的个性特征和心理水平便成为教育过程的一个基本规律和方法论原则。德育要渗透时代性内容。现阶段的德育内容陈旧，或过于理想化，脱离实际或枯燥乏味，无法面对开放的社会和多元的价值取向，无法对社会的道德问题做出有力的回答。因此，德育内容必须变革，一是内容要"真"，贴近学生的实际、贴近社会生活实际；二是内容要"新"，德育内容要能及时反映社会的新问题、新形势和新发展，富有时代的气息。如除了传统的爱国主义、集体主义和社会主义的教育外，结合社会主义市场经济所需要的竞争意识、公平意识、效率意识、公民意识、法律意识、环保意识、创新意识、诚信意识，以及关爱人性、珍惜生命教育，诸如此类都体现了我们的德育与时俱进。德育方法要个性化、多样化、艺术化，处于社会转型时期的中学生，思想活跃、接受能力强，单调、呆板的教育方法不能适应他们的需求。首先，德育要改变传统的做法，应采取形式多样而又生动活泼的教育方法，诸如说理教育法、榜样示范法、陶冶教育法、实践锻炼法、自省和自我评价法等。我们可以根据中学生的心理和生理发展的特点需要，采取现代多媒体的教学，开设德育广播站和德育网站等。总之，教师在德育过程中，要坚

持一切以实现德育高效的原则，灵活采取各种方法。

2. 生活化原则

陈鹤琴在《谈谈儿童绘画》一文中指出，"要扩大儿童眼界、丰富儿童的经验，要指导儿童向大自然、大社会取教材。"一般来说，受教育者从现实的生存状态和切身利益感受到的体验，较之于以符号形式表现出来的文化和观念信息强烈的多。但是，以往的德育习惯于以群体抽象为基础，把个体的人置于庞大的社会历史背景之下，将社会责任感、历史使命感、集体主义、为人民服务、大公无私的奉献精神等，简单化地转换为受教育者抽象的生活和行为原则，这种"庞大叙事"似的教育路线与受教育者的接受心理是相左的。作为受教育者的审美对象的事物主要来自生活，美育化的德育则要求德育在内容上奉行生活化路线，回归到日常生活之中，紧密地联系人们现实生活的细节，由感性直观上升到理性精神，在生活之善与美的同构中以"生活叙事"的方式完成其德育使命。另外，教育者要努力设法将生活叙事以美的方式加以呈现，使之与教育情境、媒介、手段融为一体，使定向美育潜藏其中，减少受教育者的心理阻抗，调动其接受兴趣和审美想象，在无形之中达到德育接受。

3. 实践性原则

中学德育要通过丰富多彩的教育活动来培养和发展学生的品德。实践活动不仅能通过激发兴趣提高学生学习的积极性，增强受教育过程的愉悦体验，还通过他们对知识、观念、规范的创造性运用，持续不断地进行审美经验和道德意识的积累和重建，以践行促养成，促使道德主体的自我完善。学校有计划、有目的地开展形式多样的实践活动尤其是丰富多彩的艺术活动，将有利于充分发挥"以美促德"的功能。不过，这并不是要以艺术活动作为德育的载体，将艺术教育中的各项活动直接搬进德育课堂，即使演讲、讨论、辩论等活动也必须经过一个"美化"的环节，以使之具有"美化"的特征。美化的中介至少有以下两点。

（1）主题化。即用统一的主题统率各种艺术作品的呈现，并在活动过程中反复揭示德育主题，否则"以美育德"就会变为美育的活动课。

（2）德性"审美场"的营造。即创造一种使学生身处一种基于道德问题的情绪高涨、思想活跃的氛围，使师生之间形成一种热爱、愉快、尊重、平等和合作的师生互动教育氛围，从而激发学生道德情感和道德理性，最终实现德育的目标。德育"审美场"的建立，要求教育者围绕德育主题营造美的教育氛围，这种氛围常常是既和谐又活泼，既紧张又有序，既庄严又亲切，既有播种的繁忙又有收获的喜悦。

在这种"审美场"中，活动主体有强烈的审美感受，能够形成带有审美愉悦的良好心境和情绪；反过来，这种情绪和心境向外扩散，相互感染，又能使"审美场"的场力增强。同时，这种"审美场"的构建也要求教育者情绪愉快、欢乐、期待、饱满，教育者的评价必须以表扬、赞同和奖励为主。

4. 主体性原则

中共中央办公厅、国务院办公厅发出《关于适应新形势，加强和改进中小学德育工作的意见》中指出，"必须把学校德育工作摆在素质教育的首要位置，树立以人为本的思想。"这一论断非常明确地强调了德育工作要充分发挥中学德育——以美育德模式的基本原则和特征，发挥学生主体性和能动性的重要性。联合国教科文组织国际教育发展委员会刊行的《学会生存》一书曾经指出，"未来的学校必须把教育对象变成自己教育自己的主体，受教育的人必须成为教育他自己的人，别人的教育必须成为这个人自己的教育"。因此，在以美育德的工作中，我们必须树立学生是德育主体的观念，坚持以人为本，一切从有利于学生的发展出发，所有美育活动的开展，都要以学生为主体，尊重学生的主体意识，尊重学生体验感悟，创设有利于学生体验感悟的活动形态，让学生自主感受美的情感、自觉追求美的道德理想。学校要遵循青少年学生的认识规律、品德形成规律，循序渐进地安排美育内容和要求，改进教学形式和方法，从而提高以美育德的效果。

二、"以美育德"的德育模式的基本特征

"以美育德"功能的发挥是在美育的领域内进行的，发挥以美育德功能不能违背美育的本性和前提，即美育的育德功能不能等同于直接的德育活动本身。展开来说，"以美育德"的德育模式应具备以下几个特征。

1. "以美育德"的德育模式应由情感入手

学生的道德学习可以分解为道德认识、情感、信念、意志和行为等若干环

节，德育活动可以从任何一端入手，这就是道德教育的"多端性"。而"以美育德"则不同，只能从情感入手去促进学生的道德成长。这里的情感指的是审美情感，美育的育德功能从情感的角度讲，它生成审美情感，而不能要求它直接生成道德情感。

2."以美育德"的德育模式是整体性的

传统的德育过程也追求学生对于德育原理的整体把握，但实施过程中是有一定分工的，其特色是分析性的教学、分步骤地完成修身养性，讲究的是"积土成山"的功夫。而"以美育德"的德育模式是整体性的，整体性的把握有两层含义：一是对象把握的整体性，即学生主体对客体对象的整体理解、体验和把握；二是学生以一个完整的主体投入审美和立美活动。"以美育德"强调对包括道德内容在内的形象美的事物的整体把握、直觉把握和全身心的把握，而不是像一般道德教育那样有专一和理智的指向性。

3."以美育德"的德育模式指向整体人格

传统的道德教育也讲道德人格，但这一人格却可以分解为一个庞大的社会角色体系。美育则不然，美育所要完成的首先是作为人类一员的尊严，是人之为人的全面性和自由性。"以美育德"和"传统德育"走的是一条不同的路线，前者是由整体人格的搭乘走向道德角色的完成，后者是由道德角色的实现而成为整体人格的组件。一个是由一般走向具体，一个由个别走向总体。因此，"以美育德"讲究的是"无言之教"，重在整体人格的建设。

4."以美育德"的德育模式具有隐形特征

这是由审美和立美对象的特征决定的。美的形象，尤其在社会美和艺术美的形象中具有明显的"储善性"，但善是内储于形象之中，通过形象去说话，而非通过概念去说话，这点明显不同于德育内容。隐性的特征说明美育育德肯定只具有辅助的德育意义，同时也证明了美育育德功能的发挥是通过形象表达和理解的，不可强求通过道德内容的概念化和系统化来理解和接受。

第五节　德育、美育巧妙融合

一、德育内容，化经典为时尚

随着电子游戏机热、武侠热、流行歌曲热、崇拜歌星热、网红热、手游热等在中小学中不断蔓延，传统文化和道德标准受到了严重的挑战，这是不争的事实。传统与现代一直是教育中绕不过的冲突，突出体现在"时尚"与"经典"上。在教育过程中，我们会发现许多传统的、经典的东西学生不能理解，不能接受，有个别学生甚至拒绝接受这些流传千年的经典作品。你跟他谈"孟母三迁""囊萤映雪"，他肯定不爱听；你跟他谈游戏、谈金庸、谈刘翔、谈周杰伦、谈网红、谈王者荣耀，他肯定谈劲很足。

经典是某领域的专家、权威及有比较高的艺术造诣的成年人域定的，学生的感受能力、鉴赏能力比较低，无法吸收其博大而深邃的思想营养。一个刚出生不久的孩子，谁都不会让他们喝参茶，尽管人人皆知人参的营养很好。接受经典需要高度，所以学生不喜欢经典也在情理之中。

因此经典需要注入一泓新鲜的血液，德育内容化"经典"为"时尚"的策略就解决了经典面临的这两大尴尬。时尚艺术也是时代文化的一个体现，也会凝聚一些时代的精华，融入时代的审美意识，它关注当下民众特别是当下青年的情感意识，它张扬、个性、前卫，有许多时尚艺术也会成为将来的经典。时尚艺术正因为它时尚而吸引学生，流行与时尚成为许多学生新的行为方式和生活方式，成为学生心中的美的标准，它无疑是经典需要的一泓新鲜的血液。学校教育坚守经典这块阵地理念没有错，但是我们不能只躺在辉煌的、博大精深的历史温床上，必须要根据时代的发展和变化，现代中学生的内心的需要，与时俱进保持内容的时尚。成语还需新说，否则拿经典去硬"灌"，必定会遭学生拒绝，经典反而会成为"最后的坚持"。既然"流行时尚"是学生心灵的最爱,对学生有很大的吸引力和极强的冲击力,那么我们不妨以"时尚"为德育教育的切入点,从学生关注的时尚出发。"老瓶装新酒"或是"新瓶装老酒",我认为没有什么不妥,至少都占了"新"字。时尚艺术固然有其浮躁、喧嚣、肤浅甚至低俗,追求奢华的一面,这就需要教师去伪存真、剔除糟粕、提炼精华,做好导航人。当学生一旦具备了较高的感受能力和鉴赏能力,再启发学生以高层次的精神需求代替低层次的文化需求,让经典来丰富装点学生的精神世界,这才是合乎教育规律的完美教育。到那时,"经典"不仅撑起学生深厚的文化底蕴,而且守住了经典艺术的价值及尊严。

这种德育内容化"经典"为"时尚"的策略,让德育欢欢喜喜走进学生的心灵,使德育成为学生的需要,真正提高德育的实效,促进学生全面和谐的发展。

二、德育主题,化直白为含蓄

自然是神奇的,和谐而有序。山的刚强与坚定;水的柔和与流动;花开的无语和鸟雀的嬉闹;朝夕的轮回与四季的交替……这一切都显得那么井然有序,协调统一,没有一丝外在的强加,一丝人为的痕迹,确是如此令人感叹并为之称奇。德育也需要追求这样一种自然美的途径,没有一丝外在的强加,一丝人为的痕迹,但教育效果却是神奇的。

德育主题直白是传统德育惯用的手段,它是以概念、判断、推理的形式来思考德育,传授德育知识,从而培养具有理性精神的人。这种传统的德育方式主要是灌输。所谓灌输,就是教师将道德规范、教育理念通过诉说、说教等方式施加给学生。灌输最大的缺点就在于单纯、直接地说教,德育主题直白,功利目标明显,忽视学生的个人意愿,忽视道德情感等因素,其具有一定的强制性,带有一定的枯燥和乏味性,容易使受教育者产生抵触的心理。美育就是一种散发着自然美的教育,它的愉快性,使它不需要强迫灌输、说服动员,而是以自由活泼、轻松愉快的方式进行,它靠美本身的魅力来吸引人。并且美育内容丰富,覆盖面广,形式多样,大家喜闻乐见,避免直接说教,强调间接教育,教育理念含蓄隽永,让受教育者在教育者的引导下,自己去领悟。它强调的是让受教育者感受生命,发现自我,让被教育者们"仁者见仁,智者见智"。人一旦发现生命所有的生机，领悟到生命的真谛，感受到生命强烈的震撼力，领略到含蓄的力量时，便会产生审美愉悦、精神愉悦。所以德育与美育融合，美育的这种自然而含蓄的力量，是通向德育自由的桥梁。苏霍姆林斯基曾说过："任何一种教育现象，孩子在其中越少感觉到教育者的意图，他的教育效果就越大。"我想这种教育的效果就是含蓄的力量。

同时，道德规范的接受也具有自主性和能动性。中学生自我意识增强，他们开始追求完善，最反感说教，最不能容忍虚假和功利。所以教育家卢梭也说："千万不能干巴巴地同年轻人讲什么理论。"如果你想使他们懂得并接受你所讲的道理，你应当使思想的语言用含蓄的方式进入他们的心才行。我们学校的不少班主任在这方面也做了许多的尝试。

三、德育方式，化抽象为形象

美的东西都有一件形象的外衣。诗歌由语言描绘其形象；美术以线条搭建其形象；音乐由旋律构成其形象。德育更多的是理性，德育与美育融合，就是向美育为自己借一件形象的外衣，借助美育形象美的感召力来打动学生的心灵，因为一切道德规范和道德条文只有当它成为人的心灵的信仰和需要之后，才能在实践中付诸行动。再者，人对客观事物的感受总是先以其存在的形式开始的。中学生的身心发育正处于成熟与非成熟之间，他们好模仿，更易接受形象的东西。事物的形式美是唤起人的美感所不缺乏的外部条件，因此，德育工作者对学生进行教育时，除了必不可少的说教外，要尽可能多地赋予德育内容美的形态并将其展示给学生，把抽象的道德信息加以具体化、人格化，使中学生从这些富于形象性、感染性和可信性的事物中主动接受道德信息，从而更好地接受教育。

例如，学校环境卫生情况不容乐观，学生的卫生习惯差，乱扔果皮、纸屑现象严重。为了增强学生的环保意识，培养学生讲文明、讲卫生的良好习惯，学校传统的德育工作方式是开展大扫除活动、清理校园各个卫生死角，进行全校性的卫生大检查或发出倡议"学校是我家，卫生靠大家"，号召同学们重视校园卫生。改革后，学校德育方式化抽象为形象的做法是把学生不讲文明习惯的行为拍摄下来，做成PPT，在PPT边上加上温馨的提示，如"除了绿色，你还留下什么？""走过路过，请不要留下遗憾。""请优雅你的举止""弯弯腰，伸伸手，校园变得真美丽"等，以此来警醒学生。将PPT通过班会课形式在各班反映以后，因违纪而上镜头的学生，在同学们异样的目光和议论中羞愧不已；因做好事上镜头的学生则感到无比的自豪。正如立普斯所说："在对美的对象进行审美观照之中，我感到活动并不是对着对象，而是在对象里面。我感到欣喜，也不是对着我的活动，而是就在我的活动里面。我在我的活动里面感到欣喜或幸福。"这是任何出色的说教所不能做到的。

四、德育活动，化表面为根本

教育的根本使命就是"培养人"，它关注的应是学生的心灵。但是，随着教育的专业化发展及人们求职生存的需要，人的教育被忽略，人力的教育成为时尚，再加上实用主义、功利主义在教育中的盛行，人们逐渐忘却了教育的根本，忘却了人的灵魂。德育活动太注重形式，搞运动、赶浪潮，追求轰动效应，上面热热闹闹，下面却"波澜不兴"，德育始终无法摆脱"一抓就空、一放就松"的尴尬处境，这就导致了学生人文知识的匮乏、人文素质的低下和人文精神的失落。雅斯贝尔斯说过："教育是人的灵魂的教育，而非理智知识和认识的堆积。"如何对学生进行灵魂教育，人文教育呢？苏霍姆林斯基认为："一个人走进德育课堂并不意味着已接受教育，只有当他面对一本书沉醉不已的时候，德育才刚刚开始……"能"对一本书沉醉不已"，即意味着心灵有了人文的底色，教育在向心灵靠近。除了文学艺术大典，大自然无疑也是一部厚重的书，其中蕴含着丰富的人文内容和人文精神。

（1）大自然变化无穷、千姿百态的美，使中学生开阔眼界、丰富知识、陶冶性情，激发他们追求美的事物。千姿百态、五彩缤纷的大自然是一个美的世界，在学生紧张的学习之余，利用闲暇时间把他们带到大自然中去，呼吸新鲜的空气，领略桃红柳绿、鸟语花香的美景，欣赏鬼斧神工、天造地设的奇观，让他们感受到心旷神怡、愉悦满足，使他们精神为之振奋，心胸为之开阔，更加感到生活的美好，更加激发起对生活的热爱，从而努力去追求美好的事物和创造更加美好的生活。

（2）大自然合规律性和合目的性的自由感性形式，也使学生领悟丰富深刻的生活哲理，激发他们热爱自然的意识，形成人与自然和谐发展的思想；同时培养他们对祖国的眷恋和热爱，不断增强奋发向上的情感力量。在大自然中，学生们感受到了雄山秀水、鸟语花香的美景，就会感谢大自然的赏赐，自觉地热爱自然，保护环境，珍惜美好事物；如果中学生到了波浪兼天海的长江、远上白云间的黄河、秀丽甲天下的桂林，那他们会情不自禁地对祖国产生热爱之情，并激发起建设祖国的强烈责任感。这种对自然美的欣赏，是由于情感参与其中从而能够产生一定的道德和思想意义。它不仅能够激发学生对祖国的热爱之情和对美好生活的向往，而且也可以培养学生的进取精神。

（3）大自然的无穷奥秘，启发学生产生顿悟，进而产生把握事物规律性的兴趣，不断地追求和探索自然真理。具有美的属性的自然物都有其自然的物质属性和自身的运动变化规律，只有当它具备了美的客观条件或其运动变化状态符合美的规律时，才能展现出美。如钱塘怒潮、峨眉佛光、蓬莱海市、黄山云海等自然美景的出现与存在都有各自的条件性或规律性，即使是经过人的加工改造而显现的自然美，也要依赖自然物自身的生长、发展规律，如春去夏来，花开花谢等，并通过其自然属性而表现出来。这就促使学生不断追求和探索自然真理，从而获得更好的生存与发展条件，创造自己的理想生活。

所以，到大自然中去，通过审美体验可以使人文精神通向心灵，直指人的生命深处。这种越是能够接近学生心灵的人文活动，越是完美的教育。

五、德育手段，化生硬为艺术

法国作家拉封丹写过一则寓言，寓言大概是这样的：北风和南风比试本领，看谁能把行人身上的大衣脱掉。北风首先发威，狂风大作，行人为了抵御寒风，都把大衣裹紧；南风则不同，它轻柔吹拂，和风扑面，令行人倍感温暖，于是解开纽扣，脱掉大衣。故事的寓意十分明显，生硬的手段往往会徒劳无功，温和的方式则常常立竿见影。同样可以说，生硬地灌输、空洞地说教容易使人形成逆反心理，和风细雨、温情盈怀式的教育和引导才能成效斐然。传统的教育让人觉得教师的地位至高无上，即教师代表了真理和权威，学生只有接受和听从。在这种强制的教学过程中，毫无美感可言，教育气氛紧张而严肃。没有心灵的互动，没有心灵的神会。"美育就其实质来讲是按照'美的规律'来实施的教育。"所以德育与美育结合，德育手段化强制为艺术的策略，就是要打破这种教学的模式。

教育艺术策略的关键，我认为是艺术交流。所谓艺术的精神交流，指的就是一种自由的精神交流。它是指彼此之间的精神交流是完全自由的，完全是彼此之间思想的碰撞，彼此之间通过心领神会产生思想的共鸣，彼此的精神得到交流和影响。之所以称之为艺术的精神交流主要是因为这种精神交流方式借鉴了艺术品的欣赏方式。在艺术品的欣赏过程中，通过艺术品实现了创造者和欣赏者之间的精神交流，尽管这种交流是间接的。艺术作品中倾注了艺术家的精神理想，并通过艺术的形式表现出来。当欣赏者在欣赏艺术作品的过程中，在领略艺术家精神时，要学会反观自身，将自己的情感融入其中，达到两者之间的交流。这种交流往往胜过语言的表达，它是一种心领神会，是一种心灵的交流与碰撞，这种精神交流就是艺术的精神交流。德育中的精神交流就可以通过这样的形式来体现。无论是教育者和受教育者之间的交流，还是受教育者和教育素材之间的交流，都可以通过艺术的形式进行。这种交流没有强加的标准和模式，完全基于自身特点和条件，进行完全的交流。德育中的交流可以在一种完全开放和自由的情况下进行。

第六节　德育、美育多方融合

一、利用美的多种形态，培养中学生良好的道德品质

借助自然美陶冶中学生的道德情操。自然美是一种侧重形式美的具有多面性、易变性、全方位的美。上自蔚蓝星空，浩瀚银河，下至娇艳花朵，茫茫草原，让学生学会观察、发现，在潜移默化中陶冶他们的性情，丰富他们的精神生活，培养他们热爱祖国的一草一木的意识，增强他们爱护人类生态环境的思想感情。正如苏霍姆林斯基所说："美是一种心灵的体操——它使我们精神正直、心地纯洁、情感和信念端正，是道德纯洁的精神源泉。"

利用艺术美提高中学生的道德自觉性。艺术美是审美教育的中心环节，它是通过作家、艺术家对社会美和自然美的加工、创造和典型化的产物。在这个意义上说，应当承认，存在于艺术领域中的美育形态较之其他领域中的美育形态要更齐全、更丰富，也更富有感染性。所以说，学生阅读杰克·伦敦的《热爱生命》，就能体会到什么是坚忍不拔的生活意志和永不屈服的斗争精神；学生读过奥斯特洛夫斯基的《钢铁是怎样炼成的》，会把它当作一面镜子，以其中的主人翁保尔·柯察金为榜样，乐观面对困难，勇于拼搏，去实现人生的价值。

运用社会美培养中学生良好的道德素质。社会美不同于自然美，它侧重内容美，是一种与人的社会理想、伦理道德紧密联系的美。青少年通过对社会中人的美、科学美、生活与环境美、劳动美等的体验和欣赏，从而能明辨什么是美丽的心灵和高尚的人格，感受劳动的伟大和意义，而科学中博大精深的理论和其中的卓越发现和想象，往往能够激发他们对科学的热爱和追求。

二、营造和谐的育人环境

中学德育要发挥美育的育德功能，需要构筑一个美的校园生态环境。

应注重校园自然环境的建设。校园自然环境是校园文化的一部分，能对人的思想产生潜在的影响。构筑美丽的校园，让学生在美丽的自然环境中获得心情的释放，感受到自然与人的和谐与联系，从心底涌出热爱自然的情感，从而拥护中学德育"以美育德"模式的实施。"评价生命的情感"，这是任何单一的说教都难以达到的境界。

课程设置中增加美育课程与美育实践活动。课程的内容要打破以往音乐、舞蹈、绘画的传统范围，其中包括手工、建筑等，形式要多样。鼓励学生根据自己的兴趣参加或组建各类艺术团体，教师根据学生的年龄特点加以适当引导。同时更重要的是，要通过课程学习获得正确的"美"的理念和对待"美"的态度。

将"美"的理念引进学校教学、管理和后勤服务中。教师要做到着装美、语言美、行为美，给学生的道德行为做好榜样；在学校管理中，要体现以人为本的精神，尊重每个生命个体，体现人人平等；在后勤服务中，让学生能够体验人性的善良，感受人情的温暖。有了这样美的校园生态环境，美丑自然可辨，善恶的价值标准自然就会逐渐形成，并且良性的道德生态环境就能够培育出"真实的道德"。

通过课堂教学实现中学德育与美育的有机结合，学校教育以教学为主。因此，美育的任务基本上也是在教学过程中实现的。在中学各科教学中，同时进行美育，对于提高学生的学习兴趣和学校的教学质量，培养"四有"新人具有很重要的作用。因此，在日常教学过程中，结合美育来教学就显得特别重要。

三、发掘教材的内涵美

法国艺术家罗丹说过："美是到处都有的，对于我们的眼睛，不是缺少美而是缺少发现。"在中学各科教材当中就有许多美的蕴涵，如美术教学的内容是美的，音乐旋律是美的，学生欣赏《蓝色多瑙河》就好像在感受大自然的风光。以思想政治学科来说，虽然政治学科自身的特点决定其内容抽象性有余，形象性不足，但思想政治教材中仍然蕴含着丰富的社会美、人物美、科学美的因素。比如，笔者在讲授矛盾的普遍性时，首先让同学们欣赏贝多芬《命运交响曲》的开头和结尾部分，然后再给学生介绍《命运交响曲》中的第一主题和第二主题，其中第一主题描述的是命运对英雄的考验；第二主题描述英雄在挑战命运时如何不断克服心中的动摇和怀疑。在介绍的基础上，再进一步分析两个主题的矛盾与斗争以及在此过程中反映出的人们复杂多变的感情矛盾、斗争与奋进。教师分析后，学生再一次欣赏《命运交响曲》的起始与尾声，这时学生才真正感觉到其中的矛盾与对立。这样的课使学生情趣盎然，使学生在通俗理解抽象概念的同时也享受到美的内容，享受到理论和推理的逻辑之美。

四、营造教学过程的和谐美

完美的教学过程应该是行云流水式的，其间没有任何阻隔，没有任何的块状感，它给人的感觉是高山流水，是一泻千里的洋洋洒洒，是荡气回肠的一气呵成。那么，如何让学生在和谐、宽松、美不胜收的课堂里遨游，可以欣赏中学德育"以美育德"模式中实施的"评价课堂的知识美"，掌握知识的运用能力和技巧，培养学生美的道德情感，其中教师在教学过程中要注意以下两个原则。

1. 平等交流原则

美学要以感情为中介，教学同样需要感情的纽带。我们努力创造一种使德育以感情为引导，使智育以形象为开路，将以往由教师的单向灌输、"填鸭式"教学，转变成师生相互交流感情，由"教学—受教训"转为师生成为推心置腹的知心朋友，这是课堂教学与美育关系的第一个重要原则。

2. 巧妙地处理好教学过程中的几对关系

（1）展与收开好头，既展得开，又收得拢，做到展与收的和谐统一。

（2）动与静相结合。既能使学生自学和听讲，又能引导学生积极思考。

（3）张与弛相补充。紧张的思维与宽松的议论交流一张一弛。断与续既能独立成篇，又能连成一线，以反映学科内在的科学体系。师生关系和谐，目标一致，配合默契，平等探讨，情感共鸣，教学相长，共同提高。

五、突出教学过程中的创造美

1. 教学内容和节奏组织美

组织得好的教学过程，实际上也是美育的过程，是美的欣赏和美的熏陶的过程。教师以端庄、大方的仪态，庄重而又亲切的神情，在教学中，对课标和教材胸有成竹，在课堂上掌握教学节奏，形成以美感为中心的教育效应系统，使其内容重点突出而又脉络分明，能根据学生学习的具体情况恰如其分地对知识的难易程度进行讲解，把课堂组织得井井有条而又生动活泼，从而达到既传授了知识，又培养了学生分析问题、解决问题的能力的目的。这种艺术化教学能够使人感到愉快，对于师生来说也是一种美的享受。

2. 教学语言和教态优雅美

教学实践中我们经常有这样的体会：标准流利的普通话，抑扬顿挫、有声有色的语调，再配以恰到好处的手势与动作，往往能够准确、鲜明、生动地描述事物和表达事理。这就要求教师在语言和教态方面处理好"雅"与"俗"的关系，能够做到雅俗合一。"雅"是指语言蕴含的情致深沉的典雅，"俗"是指言词的平易通俗。教师教学时既运用非常生活化的口语性语言，也运用精彩的、充满思辨的内心语言。口语性的语言使得教师所授内容亲切可人，能够增进师生友谊，大大调动学生对课堂学习的兴趣，使得学生能够顺利地进入教师所营造的教学情境。而教师使用蕴含着深沉情致的"雅"语，就能使平常甚至平淡的日常生活得到升华，超越庸俗的生活进入一种思想境界，从而达到美育的目的。

3. 教学事物和模像直观美

前者可结合教学参观访问，后者如各种图片、画像、教学电影及多媒体课件等，对课堂教学都大有好处。值得一提的是，写一手整齐、流畅、美观的板书，可以增加学生的视觉美感，有条件的还可运用课件教学，将图片、声音、图像融为一体，直观地展现在学生面前，增强学生的视觉感。

六、充分发挥教师自身美的影响力，提高德育效果

1. 教师应该具备优秀的思想道德素质

教师是"人类灵魂的工程师"，讲求德才兼备，德育为先。思想道德素质包括思想政治素质，即坚持社会主义的政治方向、立场、态度，具有马克思主义的世界观、人生观、价值观，树立共产主义理想，发扬爱国主义和为教育事业献身的精神，教书育人，为人师表。道德品行素质是指教师的道德观念和行为方式，表现为完善健全的人格。"教师无小节，处处是楷模""形象比生命更重要"，丰子恺先生把人格比作一只鼎，而支撑这只鼎的三足是思想——真，品德——美，情感——善，只有"三足鼎立"，真、善、美和谐统一，才能为人师表。苏霍姆林斯基曾说："一个精神丰富、道德高尚的教师，才能尊重、陶冶学生的个性，而一个无任何个性特色的教师，他培养的学生也无任何个性特色。"学生时代是世界观、品质、性格形成阶段，在他们的心目中，教师是智慧的代表，是高尚人格的化身。教师的一言一行、一举一动都对学生的精神世界起着潜移默化的作用，就好比一丝春雨"随风潜入夜，润物细无声"。因此，一位品德高尚，政治立场坚定的教师能使学生在潜移默化中受到善的洗礼和美好德性的熏陶，并通过这种熏陶和感染，使其逐渐培养道德的自觉意识，形成健全的审美观和道德价值观，从而塑造完美的道德人格。

2. 教师应该拥有合理的知识和能力结构

就知识结构而言，要求教师必须具备扎实的专业知识、丰富的文化科学知识以及教育科学知识。

就能力结构而言，主要包括以下几点。

（1）创造性的教学能力。教育是一种艺术，特别是政治课，更是一种塑造完美个性形象的艺术，而艺术的生命在于创造。

（2）较强的表达能力，包括语言和文字表达能力两个方面。其中，语言表达能力直接关系到信息的传输效果。教师应提高自身的语言表达能力：①要练就一口流利的普通话，对所要表达的内容要再三推敲和锤炼，做到表达准确；②要努力增强语言的感染力，既要进入角色，富有感情色彩，又要朴实无华，催人奋进。文字表达方面，无论是编教案，撰写论文，还是板书，都应做到语

言流畅，内容简洁，论证严密。

（3）思想工作和组织管理能力。学校是培养人的场所，学校的教育对象是正处在发展变化之中、具有较强可塑性的青少年学生。学校对学生开展的一切活动，都是有目的、有计划、有组织的教育活动。一位缺乏思想教育和组织管理能力的教师，不仅不会成为一位优秀的班主任、优秀的学校领导者，而且也很难成为一位优秀的科任教师。

（4）开展社会活动的能力。居于首位的应当是建立民主和谐的师生关系，努力成为受学生喜爱欢迎的教师。现在的教师需要面对错综复杂的社会关系，要学会处理好各种关系，尤其是要协调好与同事、家长的关系。

3. 教师要有精湛的教育教学艺术

从美育的角度来说，就是要突出教育和教学的形象性。形象性或直观性，也称以美引真，这是美育的主要特点。美育以情动人，是通过审美形象而实现的。教师在教学中，通过自己充满艺术性和逻辑力量的教学语言、图表、电化教学手段以及第二课堂的社会实践活动等，把抽象的"真"化为具体、生动、可感的形象，使学生在这些美的形象的感受中不知不觉地进入"真"的境界，使正确的政治观点"随风潜入夜，润物细无声"，把真、善、美和谐地统一起来，全面完成教书育人的教育目标。愉悦性，这也是美育的一个重要特点，古希腊美学家贺拉斯很早就提出了"寓教于乐"的美育原则。教学中的愉悦，就是要使学生在整个教学过程中感到自由、舒畅，让学生总是处于一种精神的自由状态，即感到亲切、自如、喜悦和兴奋，这样的课堂教学既能给学生以快乐，更能给学生以启迪，这对学生接受正确观点后再培养健康的心理素质，无疑是极为重要的，当然这也是一种美的享受。

4. 教师应掌握美育知识，具有较强的审美能力

教师的教学过程实际上亦是用美好的情操启发学生为美好理想而奋斗的过程，是塑造人的美好心灵和完美人格的过程。因此，教师应学习美学和美育的基本知识，懂得马克思主义的审美观和审美情感，懂得美的创造，掌握正确的审美标准，在课堂内外引导学生认识美、欣赏美、创造美。具体来说，教师应重视并具备以下三种审美教育能力：①通过教学进行审美教育能力；②通过课外活动进行审美教育能力；③通过自身外表美和内涵美进行审美教育能力。

　　给学生树立美的形象，力求使自己具有美好的心灵、高尚的情操、端庄的举止、规范的语言、亲切的态度、精湛的教学艺术等，所有这些都能对学生的美育起到良好的作用。教师以美的形象示范学生，以美的人格感染学生。教师的风度美是教师的人格美的外在表现。教师的风度美是教师的仪表、谈吐、举止、表情、姿态和服饰的总和，是德、才、学、体、貌等各种素质综合表现所形成的独特风貌，是反映教师心灵美的镜子。一位教师要有自己的风度，最重要的是加强自我修养，因为优雅高尚的风度来自内心世界的智慧和充实。教师的人格美，主要由品德、气质、风度等构成，教师的人格力量对学生的影响是深远的。教师的品德美主要表现在他的事业心、责任感和对学生的爱心，如博爱宽厚、精益求精、诲人不倦、无私奉献、光明磊落等。教师是"人"师，教师只有用自己高尚的品德和学识去影响、教育学生，才能感染和美化学生的心灵。教师的气质美是教师形象美的核心。它与心理学中的气质不同，教师的气质是通过学习和修养得来的。教师的气质中最为重要的是"一切服从真理"的坚定信念，教师要做到为人光明磊落、刚直不阿、不附庸风雅、不趋炎附势、做事稳重、对情感控制有度，与人为善、设身处地为别人着想，勤奋敬业、刻苦学习、进取心强……

在我国，音乐和美术被视为最传统的美育课程。

甚至在一些人的眼中，讲音乐课和美术课等同于美育课程。

的确，作为艺术性最强的两门课程，音乐和美术有着独特的美育教学价值。

过去由于各种因素，我国中小学对音乐和美术课程的重视程度不够。

随着中国政府和教育界越来越重视美育，音乐和美术课程的美育价值未来会得到极大的认可与发挥。

第四章

美育的渗透：音乐与美术学科

第一节 美育在音乐教学中的渗透

一、美育在音乐中的渗透由来久

长期以来，我国社会对于音乐教育一科缺乏正确的认识，使得音乐教育一直以来都面临着困境。即便是当下，各部门、各学校大力提倡素质教育的情况之下，音乐一科仍旧是一门"副科"。在社会全面发展的前提下，音乐作为普通学校实施美育的一个重要内容和途径，仍然处于比较尴尬的地位。在中考、高考的指挥之下，作为审美教育中不可或缺的音乐教育仍旧得不到更多的关注。在师资方面，我国国内音乐教师水平良莠不齐，这对于学校音乐教育而言是一个"致命伤"，而且与我国近代以来提倡"以学生为本"的意愿背道而驰。然而，音乐对于学生审美教育的价值是无可替代的。德国近现代以来之所以涌现出数量众多的哲学家、科学家和艺术家，都与其重视音乐美育教育密不可分。

我们从《尚书》中得知，最早之"礼"是舜帝时之"礼"，"乐"是舜帝时之"乐"。所以说"礼乐文化"的形成，可以追溯到舜帝时期。近代教育家蔡元培先生的"美感教育"，早已存在于古代的教育实践之中。在礼、乐、射、御、书、数的"六艺"中，"乐"就是进行美育的专门科目，其他各项也都含有不同程度的美育因素。他明确指出："礼者，以人定之法，节制其身心，消极者也。乐者，以自然之美，化感其性灵，积极者也。礼之德方而智，乐之德圆而神。无礼之乐，或流于纵恣而无纪；无乐之礼，又涉于枯寂而无趣。"这与古代儒家强调的礼乐并重、礼乐相济的思想是完全一致的。蔡元培先生十分推崇古代音乐教育的经典著作《乐记》，并认为它有"极深的理论"，也十分欣赏荀子的一段名言："夫声乐之入人也深，其化人也速，故先王谨为之文，乐中平则民和而不流，乐肃庄则民齐而不乱，民和齐则兵劲而城固。"从而充分肯定和强调了音乐的教育作用，这与他后来一贯重视音乐教育，并进而重视和提倡美育思想有着必不可少的内在联系。

由此可见，中国当代的音乐美育思想主要是受到中国古代儒、道、墨等各家传统思想的影响，之后又受到西方古典主义美学家康德等人的影响。音乐有修身养性以及维护社会秩序的作用，是进行自我教育和社会教育的重要手段，是培养社会有用人才不可缺少的教育工具，是衡量一个人道德修养的尺度。因而一个人应当注重礼乐修养，只有将这二者结合起来，相得益彰，才能使得一个人的身心得到全面的发展。

从"音乐美育"到"音乐审美教育"，再到"以审美为核心的音乐教育"，可以称为20世纪初以来中国音乐教育思想发展的脉络。其中"音乐美育"的思想，即音乐教育被视作美育的重要内容与形式，其在人的培养中起着重要的作用，并一直贯穿发展，成为中国现代学校音乐教育思想发展的主线，集中体现在不同时期政府颁布的教育文件和相关论文中。这种"音乐美育"思想不同于西方"音乐审美教育哲学"，除了纯粹的审美教育以外，其更看重音乐的非本体价值，强调其辅助德育的工具价值和社会功能，充满了实用主义的功利性色彩。它源于对德国古典哲学"审美"与"美育"观念的吸收，也体现了中国儒家礼乐思想文化传统的影响，其之所以能够长期占据"正统"的地位，是文化历史的惯性以及现代中国社会发展与国家教育方针的必然要求。

二、美育在音乐中的渗透价值多

现如今，随着社会经济的不断发展，美育在很大程度上已经得到了充分的肯定和推广。从学校教育的视野来看，从幼儿教育到高等教育，音乐审美教育一直贯穿始终，在幼儿教育中，所设置的课程大都以音乐舞蹈和美术为主，通过利用艺术教育来开启孩子的情商、智商，培养孩子良好的修养以及使他们在感知艺术的美感中健康快乐地成长。在中小学教育中，音乐已被列入学校的必修科目之一，通过让不同年龄阶段的孩子学习音乐，了解不同时期的、本国的或者其他国家的音乐文化，培养良好的爱国情操以及健全高尚的人格，在音乐美育的教育下，学会做一个美与善并重的人。在高校中，除了专业的音乐类或艺术类院校之外，其他的综合类大学也都纷纷开设独立的音乐院系，招收特长生，开设艺术团或是公共选修课，例如音乐欣赏，文艺美学等课程。还有各种社会音乐教育机构、音乐培训班或艺术培训学校等也纷纷兴起，走入我们的视野，融入我们的生活，它们一起共同承担着在音乐教育中发展美育思想的任务。不仅如此，各大省、市每年都会举办各种大型的音乐艺术类比赛或展演，为学生或各界爱音乐人士提供了展现自己的发展平台，构建了良好的美育氛围。

在这样一个音乐教育呈现多元化的今天，在审美教育的过程中，蔡元培提倡的美育教育的精髓——培养高尚的道德修养、追求健全的人格和情感，仍然是我们一直以来不断追寻的目标。然而，在这样一个开放的时代，在音乐美育的实践中仍然存在着一些这样或那样的问题值得我们去思考。比如，在学习音乐的过程中，过于强调"专业化"，太注重技能的灌输和训练，而忽视了音乐最本真的美或者是在学习音乐的过程中应该获得的美感体验。专业技能化的训练本身没有错，但它只是一种提高音乐能力的手段，而不是最终的目的。过于强调技能化的训练容易导致学生在学习的过程中功利心太重，仅仅为了在考试中得一个高分或者是为了某个比赛获奖而学习，或者说将艺术贴上商业的标签，而忽略了学习音乐不仅仅是学习音乐的演奏或演唱的技术本身这一事实。他们应当同样注重在学习的过程中获得一种好的审美体验，并从中提高自己的艺术修养，形成一种良好的道德规范来约束自己的行为，从而为成为具有全面人格和高尚品格的人而不断努力。

人文素质是指通过教育活动使人类优秀的教育成果和先进的文化价值观被内化为受教育者的气质、修养和人格，这是维系人类社会安定发展的重要因素之一。现在的教育因为受到应试教育的影响而本末倒置，考试成了受教育的最终目的而不仅仅只是提高学习的一种手段，使得学习的过程过于"知识化"，而学习能力过于"单一化"，从而导致了学生的道德品行不够健全，人际交往能力下降或是缺乏团队协作精神等，各方面的综合能力得不到均衡的发展，不能适应当代社会发展的需求。在这样的一种大的教育环境之下，学生很容易在应试的过程中，产生诸多的压力，导致自身长期处于一种心理紧张的状态，不利于身心的健康发展。然而丰富多彩的音乐文化生活恰恰能够让学生在忙碌而疲惫的学习生活中得到放松和休息，为学生营造一个宽松和谐的校园环境，对学生完整人格的塑造和发展起到有利的推动作用。音乐实践生活的方式是丰富多彩、多种多样的，其中包含了组织合唱团、管弦乐队、舞蹈社团，开展校园歌手大赛等一系列的活动，这些活动不仅仅为学生单调的学习生活添上了靓丽的色彩，也使得学生在培养创造力、增强团队协作精神等方面得到了进展，使其在音乐中获得愉快的审美体验，在生活中找到快乐，树立良好的人生价值观。

音乐美育的价值主要体现在以下两个方面。

1. 坚强意志，陶冶情操

"人类一切文化艺术的创造，无论是物质的还是精神的都有其特殊的价值，即他们的社会功用。"音乐当然不能例外，作为人类审美意识的产物，音乐艺术的存在就是为了满足人们越来越强的审美需求，所以审美是音乐艺术中最主要或者说是最基本的社会功用。音乐除了可以作为一种娱乐的方式之外，更重要的是它所起到的审美教育作用。先秦时期，人们对音乐的教育作用就有了深刻的认识和重视。孔子曾说："移风易俗，莫善于乐。安上治民，莫善于礼。"《论语·阳货》中又说"诗，可以兴、可以观、可以群、可以怨"，这些都是对音乐社会作用的高度概括，也是对音乐社会教育的认识。

音乐教育关乎民族的前途。音乐可以起到鼓舞士气的作用，能够培养人的高尚品格和坚强的意志；同样也能使人心低迷，从而妨碍民族的发展，例如，"靡靡之音，可以亡国"。音乐在一定程度上可以左右人的精神境界，在现实中，有软弱堕落思想的歌曲，可使学生养成孱弱的性格；有勇壮气概的歌曲，可使学生于不知不觉中养成豪壮的性情……音乐美育的任务主要是对学生坚毅意志的培养和情操的陶冶，而并不是涵养文弱的优雅美。

2. 培养人格，提高修养

学校音乐教育对学生坚强的意志、奋发的精神和高尚的人格等方面的养成具有非常重要的作用。因为音乐美育并不仅仅是一种技能方面的学习和音乐认知能力的养成，它在形成学生的世界观、价值观等方面以及学生个体发展和对待生活的态度等方面也具有积极意义。换而言之，这一时期所倡导的美育与社会政治背景有莫大的关系，音乐美育的目的在于培养具有健康、积极向上的审美态度的人。

　　学校音乐教材应该着眼于对学生审美能力的培养和提高，在此基础上还要结合国情、民情对学生实施爱国主义的审美教育和人格教育。然而，近代中国的音乐教育并不受重视，音乐教育观念也是非常滞后的，一般在学校中，音乐、图画、手工等艺术科目都被看得很轻。而提倡艺术教育，强调艺术教育的重要性，将会促进我国艺术教育的发展和改革。

三、美育在音乐中的渗透目标明

　　提高学生的音乐素质，全面发展将美育思想积极地落实到学校的音乐教育中，有利于提高学生的音乐素质，促使其全面发展。

1. 音乐的教学目的

　　（1）培养学生对音乐的兴趣、对祖国音乐艺术的感情和学习音乐的良好态度，引导学生积极参与音乐实践活动。

　　（2）通过音乐实践活动，丰富情感体验，培养审美意识，促进个性的和谐发展，使学生具有感受音乐、表现音乐和欣赏音乐的能力。

　　（3）学习中国优秀的民族、民间音乐，了解外国优秀音乐作品，扩大文化视野；掌握音乐的基础知识和基本技能。

　　（4）突出音乐学科的特点，把爱国主义、集体主义精神的培养渗透到音乐教育之中；启迪智慧，培养学生共处意识和积极进取的生活态度。

2. 音乐的具体能力要求

　　（1）感知音乐的能力。学生能够具备一些音乐基础知识，在聆听和欣赏音乐的过程中，能够结合自己的感受，对音乐有一个全面性的分析和把握，从而更好地去欣赏和理解音乐。这就要求我们的音乐教师在给学生欣赏音乐作品之前，首先应当将一些音乐基础知识讲解给学生，使得学生在欣赏音乐时能够具备一种理性的逻辑思维，这样学生在欣赏音乐的过程中才能将音乐的形式与内容很好地结合起来，有助于他们更好地理解音乐。

　　（2）鉴赏音乐的能力。在初步欣赏音乐的同时，学生还应当对音乐创作的时代文化背景有一定的了解，对其知识进行剖析，从而知道为什么会产生这样欢快愉悦，或是低沉悲伤的感情色彩。这就要求我们的音乐教师不仅仅要传授音乐基础知识给学生，而在欣赏音乐的过程中，也需要将音乐文化知识给学生进行讲解，包括产生其音乐作品的特定历史背景，作曲家的生平以及当时所盛行的人文思潮等。这样不仅可以使学生对音乐有深入的了解，避免"知其然不知其所以然"情况的发生，也可以扩宽学生的知识面，激发学生的学习兴趣，使得学生在接受新知识的时候由被动变主动，从而在学习音乐中学会学习。

（3）表演音乐的能力。即通过后天的培养和训练，学生具备一定对歌曲演唱、器乐演奏的能力，并能够参与到学校或社会中的音乐实践活动中。在学会感知音乐和鉴赏音乐的同时，还可以让学生亲自感受音乐，积极参与到音乐实践活动中。音乐需要表演来赋予它生命，表演给了学生一个发挥创造能力的好机会，教师可以在音乐课堂中，通过歌舞、律动等表演来表现音乐，让学生参与其中，在学生边唱或边弹的同时，可以发挥想象力，并运用激励性的语言、动作等去激发学生的表演欲望，从而达到激发学生想象力和创造力潜能的目的。

由此可得，将美育积极地落实到学校音乐教育中，并通过对学生感知音乐、鉴赏音乐和表演音乐的能力的培养，从而让学生在欣赏音乐、了解音乐，创造音乐的过程中，提高自己的艺术修养，奠定学习音乐的基础。若有的学生以后要从事音乐专业，也可为其以后发展音乐的道路提供良好的开始。在这样一个审美教育的过程中，还可以陶冶情操，提高学生高尚的修养，并在参与音乐活动的过程中，树立良好的自信心，增强团队协作精神以及发展创造力、想象力等，促进学生人格的全面发展，并有利于其他方面的学习，树立积极良好的人生观。

四、美育在音乐中的渗透措施广

学校通过丰富音乐实践生活，可以提升受教育者的人文素质。在一所学校，可以通过以下方式来开展音乐美育教学。

1. 合唱

合唱是由多人参加的，多个声部相互配合的一种演唱形式，在训练中要求多个声部之间配合默契，最终达到声音的完美统一，从最基本的音准，到音乐的表达，再到演出时的声情并茂并加上表演动作，都要求参与者之间相互配合，包括从指挥到伴奏，再到演唱的成员。这样的一种音乐活动不仅能够增进学生之间的集体主义精神和团队协作精神，也能够使学生在演唱的过程中提高审美情操，提高综合素质。

2. 组织管弦乐队

组建并让学生参加管弦乐队是音乐实践中一种较好的形式。在整个活动展开的过程中，首先，可以邀请一些专业的管弦乐队到学校展演，通过一些和学生之间的交流活动，使学生在欣赏专业团队演出的过程中，领略到艺术的魅力和音乐的美，从而提高其音乐鉴赏能力，在对音乐产生浓厚情趣的同时，陶冶情操。其次，在欣赏的基础上，可以组织学生学习管弦乐，并让学生亲自参与到管弦乐队的排练和演出中，真正让学生感受美、创造美，使得其审美情趣得到真正的升华。正如黑格尔所说："使一切有教养的人或是无教养的人都能深切受到凡是人在内心最深处和最隐秘处所能体验和创造的东西……在赏心悦目的观照和情绪中尽情欢乐。"在学习和排练的过程中，旋律与和声之间的主次对称，乐手与乐手之间的配合，指挥与乐手之间的配合，相互关注，从而达到个体与群体之间的高度统一。

3. 校园歌手比赛

校园歌手比赛是学校中非常盛行的音乐实践活动，从小学到中学再到高校，都倍受学生的喜爱和追捧。通过举办校园歌手大赛，为学生提供展示自己才能和施展自身魅力的舞台，从而增强了学生体验音乐美感的能力，在参与活动的过程中，增强了学生的创造性以及推动了学生个性化的发展。同时这些也在提醒我们，我们虽然生活在社会群体这个大家族中，但是我们每个人仍然是独立的个体，具有我们自身所独有的气质、内涵和优点，我们需要通过不断挖掘自己的潜能并为之不断努力，推动个体的发展，从而达到个体与群体之间的和谐统一。校园歌手大赛使得参与者在参与音乐活动的过程中，通过表现音乐、实践音乐，增强自己的信心，培养集体荣誉感，从而树立积极的生活态度，调动人的积极性，也使得学生在忙碌的学习之余，精神世界得以放松和休息。而观看者在通过欣赏他人的表演中，也能够获得良好的音乐情感体验，从而提高艺术修养和音乐鉴赏能力，使得精神世界更加丰富多彩。

总之，开展多种多样的音乐实践活动，有利于将美育思想真正落实到音乐教育之中，也使得音乐美育呈现出多元化的面貌，走进每一个受教育者的生活中，使得受教育者在欣赏音乐、体验音乐、表现音乐、创造音乐的过程中，获得一种愉快的情感体验，提高审美情趣，增进集体荣誉感，树立正确的人生观，培养高尚的情操，最终达到追求真善美的和谐统一。所以说，积极开展音乐实践活动，对提高受教育者的人文素质有着积极的促进作用。

第二节　美术教学中的美育渗透

一、美术教学在美育中的基础价值

美术可以称作"造型艺术"，也可以称作"视觉艺术"，美术的种类很多，其中包括绘画、雕塑、建筑、工艺、美术等。翻阅承载着人类历史文明的史册，我们可以看到极其简单的穿孔砾石，充满稚气的小雕像，具有神秘色彩的洞窟壁画，这些无不记载着人类迈出的每一个脚印。人类在生存的过程中需要用智慧去创造生活，在这个过程中培养了审美能力，更可贵的是人类之初就懂得技艺经验的传授，并通过个体相互传递经验。人类在适应自然、维持生存、创造生活的过程中不断地积累经验。"模仿"是传递的重要手段，同时也是美术教育最早的手段。发展至今，美术教育已经在学科教育中占有重要地位。人们以为美术教育是培养情感，知识教育是培养智力的。然而知识的掌握从来都不是靠单纯的视觉接纳，它必须以人的感觉来接收，将信息传导给神经中枢，来感知外部世界并与之发生联系，通过视觉系统指引人的行动，搜集信息，并将这些内容形象记忆，从而为认识和创造行为提供基础。而要熟练地达到这种能力最好的方法就是美术教育，因为它是审美教育的一种方式，而在受教的同时，人的身心都会轻松愉快。

美术具有知识价值、技术价值、美育价值、创造价值和道德价值等。无论是从西方古希腊时期还是从中国先秦时期，美学家和艺术家无不重视美术教育对情感的陶冶、净化作用。美术教育在表现层次上具有独特的功能。学生在创作美术作品时，就会学习到一些作品创作的规律，通过创作来提高动手能力，在创作过程中可以进一步发掘和掌握创造经验，进一步提高想象力与创造力。美术鉴赏不仅可以提高学生的审美水平，而且有利于学生整体素质的提高。

1. 美术教育具有综合功能

素质教育的核心是全面发展，要求各学科知识应形成整体融合发展，而不是单一发展。美术这门学科可以更好地促进其他学科的教与学，同时，其他学科也促进了美术能力的发展。两者互为补充，既增加了学生的学习兴趣，也拓宽了学生的知识面。

2. 美术教育还具有潜在功能

潜在的功能体现在学生从美术教育中获得的能力可以称之为潜在的能力，这种潜在能力不光体现在美术作品中，还可以迁移到其他学科的学习中，甚至将来的工作中。学校是美术教育的重要载体，无论是做人的行为规范方面，还是智力和创造力的发展方面，学生都受到教育和感染，例如校园的自然景观、教室的环境布置、人文景观等都可以提高学生的潜在能力。

本文主要研究学校美术教育。美育的实施涉及很多，其中包括实践与理论问题。内容包括艺术美、自然美以及社会美；途径包括学校美育、社会美育、家庭美育；实践上包括审美欣赏、审美批评、审美创造、审美应用；功效、任务、目的方面又包括审美理解、审美情趣、审美感知、审美观念行为等，在这些美育相关问题中，形象、审美、感觉能力的培养是美育的基础。人的形象、审美、感觉能力有强有弱，既有先天因素又有后天教育因素，美术教育是提高形象感觉能力的重要方式，也是提高审美创造能力的重要途径。

二、美术教学在美育中的有效手段

发挥美育育人功能，美育政策上正确地引导有助于更好地发挥美育的育人功能。

中学阶段是普及教育中的重要阶段，然而却也是最薄弱的阶段，发挥美育的育人功能，首先要考虑重视中学阶段的美术教育。发挥育人功能要加强中学阶段的审美教育、提升审美鉴赏力、开阔审美视野、提高审美创新能力、增强民族审美和文化认同感等。

1. 重视中学阶段的审美教育

学生可以在电影、电视剧等艺术形象中找到自己向往的形象，比如将来做个演员、飞行员、探险家、画家等。小学生对于情感的理解相对直接，易受学校、家庭、社会等环境影响。初中生容易动感情，也十分注重感情，内心却很难轻易向人坦露，具有"闭锁性"。随着科技的飞速进步，情感体验对中学生的学习、生活、情感、认知等都产生了巨大影响，尤其是生理期的改变，经常会促使他们处于亢奋的状态，这时他们更需要真挚的友谊，甚至有些中学生有了初恋体验。他们对集体主义、爱国意识、友谊感都有了一定的认识，在情感上容易出现摇摆不定的情况，对一些矛盾问题的处理缺少主观认识。虽然初中生的自制力在增强，但是他们容易冲动，所以我们要加强初中生意志力的培养。美术教育即加强情感教育，同时也是加强意志力培养最有效的形式，能够培养学生良好的人生观和世界观，所以初中生特有的身心发展特征要求我们更应该重视此阶段的审美教育。

2. 提升审美鉴赏能力

（1）通过重视审美鉴赏课程，提升审美鉴赏能力，才能开阔审美视野。视野的开阔决定着审美判断是否全面，因为见多才能识广。学习永无止境，这就要求美术教师必须扩大自身的眼界。在美术课上，正确引导学生，广泛运用多媒体教学，尽可能让学生了解世界各地的审美文化。同学们只有视野打开了，才能发现自身的不足之处，并将新习得的知识广泛运用到实践中。眼界开阔是达到眼、手、心三者结合的前提，也是学生提高审美能力的前提。

（2）增强审美创新能力。美术教育培养人的发明创造能力，科学家要具备很强的创新思维能力以及丰富的想象能力，对所发明的事物提前在头脑中孕育，这时头脑中展现的绝不是文字，而是一幅幅图像，这种图像既来自现实生活，又高于现实生活。例如自行车的发明是先由发明者想出来，然后画出来，最后再做出来的。在美术课上，学生作画的时候，他们先构思画什么？怎么画？这就是在培养他们的想象能力和创造能力。工业设计人员离不开美术素养，在现代工业发明中，如建筑、列车、机器人、武器等，每一项的外观到内部结构都需要艺术和技术的完美结合。美术教育不仅仅为我们培养了大量的画家和艺术家，同时也培养了大量的工业科技人才。在工业化设计的时代，美术教育担负着重要的责任，我们无法想象工业设计人员缺乏美术修养会是怎样。科学家在实验过程中，对每一点颜色的变化和形状的变化都要求有较强的观察能力。目前，我国中学生这方面的能力较为匮乏，美术课上，美术教师让学生自己画一幅作品时，学生所表现出来的是不知道画什么，因此诸如此类能力的培养在中学时期至关重要，而美术教育正是培养青少年审美能力、创新能力以及观察能力的重要手段。

3. 增强民族优秀文化认同感

美术基础教育是文化传承的重要手段，在中华几千年的文化历史中，美术教育担负着弘扬中华优秀传统文化的重要使命。近百年来，我国美术引入了西方的艺术元素，在美术基础教学中加入了透视、解剖等艺术素养从而形成了更科学的艺术表现方式。但是我们不能遗忘我国的传统文化，我国美术应该始终保持自己的本色，这样才能具备深厚的文化底蕴和旺盛的生命力，使得这些美好的品质继续延续下去。由于中学美术教育面临的群体是青少年，所以这就更具备挑战性。怎样正确引导青少年，充分了解我国传统文化，是目前我国中学美术教育面临的一个重要挑战。针对目前中学美术教育存在的不良现象，我们既要扭转这种不良局面，又需要勇于探索，开辟新路，制定出注重本民族特色、植根于自己的母体文化的教学体系，同时对国外的艺术元素给予包容。形式的变化和表现方式的变化，都要以其母体文化为核心。青少年应该知道并理解本地的美术文化。对于我国的一些民间艺术应该大力宣传，充分了解一些民间艺术的表现形式以及艺术语言。对于中国画这一代表中国特色的画种予以更多的关注，通过鉴赏课中的学习，我们在关注画家创作背景以及表现方式的同时，应给予我国传统文化更多的关注。在教育的实施过程中，通过技法的学习以及创作，才能使学生真正了解中华民族优秀的文化和艺术精髓，其目的是让学生从内心喜欢我国优秀的民族文化。国家要将美术学科等相关内容作为升学考试的重要部分，让学生充分认识到，全面提高自身的综合素质，美术学科起到关键的作用。通过审美文化的学习，从而培养学生的审美能力和高尚的道德品质。

三、美术教学在美育中的重要方法

教育教学改革中美术教学对科学技术的发展起到了巨大的推动作用，它关系到人类自身以及社会的发展。随着科学技术的不断进步，教育教学不能一成不变，要随之不断进步更新。我国教育教学改革的出台，对美育发展起到了促进作用，这也要求我们在美术教育教学上要有所创新，不断进步。

1. 丰富教学内容，探索教学新方法

兴趣是最好的老师，教师在美术教学过程中，应该坚持启发性教学原则。启发性教学原则更适用于美术教学，其注重培养学生对美术的兴趣。我国最早在教育史上提出启发性教学的是孔子，他在自己长期的教学实践中总结出"道而弗牵，强而弗抑"的教学要求。在课堂上，教师应鼓励学生表现自己，激发学生的学习欲望，让学生成为教学的主体，让学生独立思考，发展学生的创新思维能力，让学生亲自动手实践，培养学生独立解决问题的能力。教师还要多接触有关美术教学的方法和理论，善于创新教学方法，完善目前中学美术教学中存在的问题。教学方法是为了完成教学任务而采用的方法，它不单单包括教师教的方法，还包括学生学的方法。教师通过教学方法的合理运用，可以更好地引导学生掌握知识技能。我国的教学方法体系是在建国初期形成的，基于苏联的教学方法和广大教育工作者的实践，渐渐形成了"双基"的传统教学方法。

下面列举几种当代国内外提倡使用的、适用于美术教育的教学方法。为了学生全面发展，减轻学生学习负担，上海市特级教师倪谷音提倡愉快教学法。愉快教学法主要是尊重学生人格，让学生学得生动活泼，全面培训学生的素质，充分运用以趣激学、以趣导学、以趣励学的教学方式。为了激发学生的学习兴趣和积极性，江苏省特级教师李吉林首创了情景教学法。情景教学法是根据情感认知的相互作用，配合适宜的环境气氛设定，使学生身临其境，通过自主体验、实物演示、图画再现、音乐渲染等方式来陶冶学生的情感，从而净化他们的心灵，这种方法可以用来提高学生的创造性思维。刘京海提出的成功教学法在美术教学上也比较实用，教师要给学生树立信心，让学生对实践创作有成功的期望，充分给学生施展创作成果的机会，给予学生鼓励性评价，激发学生的创作热情。美国心理学家布鲁纳提倡发现法，首先创设情境，教师提出问题，让学生自行实践找出解决问题的方式。德国教育学家瓦·根舍因创造了范例教学法，这种方法要求教师在选择范例时要能说明事物的本质特征。同学们通过示范能够做到举一反三，从而达到掌握一般规律的水平。例如美术教师在教素描头像之前，可以先以球体为例，掌握球体的素描关系以及球体结构与透视的塑造，从而掌握和球体相关的特点以及不同的其他事物，达到举一反三的效果。

2. 提高美术教师素养，提升教学水平

美术是一类与社会活动密不可分的学科，它一直紧跟社会发展的脚步，不断变化就是它的最大特点，一位好的中学美术教师就要善于捕捉这个要素，随时捕捉来自各个方面的信息，从中提炼出适合中学生发展的知识充实自己，强化知识面。事实上教师队伍的扩大是一方面，解决教师整体水平是其中一个重要的环节，没有好的工匠就打磨不出优秀的艺术品，哪怕是一块好的璞玉，没有好的匠人雕琢也只是一块石头，所以对于教师的能力我们提出了很高的要求，不仅要求他们专业知识要过硬，其他门类也要有所涉猎，与美术教学自成一体。加强中学美术教师团队素质要解决两个方面的问题，第一要提高现有中学美术教师的知识水平，全方面充实自己，善于接收新的理论知识，探索新的实践经验，这些是适应当今社会发展的必备素质。第二要解决落后地区的实际问题。我认为，首先是教育部门应对于美育教育加大投入力度，解决美育教师人才不足等问题。经济的快速发展吸引了很多从事美育教学的人放弃专业，因为他们中有一部分人不愿意去贫困地区，所以主管机构必须清醒地意识到，留住人就必须正面事实，逐一解决，更新思维，改变政策，改善待遇福利，放宽招聘条件，从优选择，吸收具备师范专业的人员参加竞争，开拓出一个新局面。把教育资金用在需要的地方，扩大交流、学习，把一些好的方法推广下去，但不走形式，不生搬硬套，发挥想象力和创造力，突破瓶颈，这样我们的美育工作才会有一个全新的面貌。

3. 营造校园审美文化氛围，开展个人画展

活动是营造校园审美文化氛围的方式。画展在我国日常的生活中并不多见，校园画展更是凤毛麟角，要打破这个惯例，组织学生开办个人或团队画展，在减少费用的同时增加内容和新颖的程度，不仅让学生参加还可以邀请家长随同观看展览，增加人们参与的热情，制造良好的氛围。学生可以通过展出作品得到肯定，同时也得到了锻炼和学习，增进了学生间的交流和比较，对于灵感的启发有很大帮助，家长也会因此更加关注孩子的成长，校园文化也在这个过程中得到了升华。营造校园审美文化氛围的方式包括开展户外活动，走出去感受自然、人文、历史、社会，这是美育教学的重要环节。户外活动就是帮助学生用他们的眼、手、心去感受，把这些情境用画笔记录下来，去真实体验外面的世界才可能创作出优秀的作品。在国外很多时候大学才是学生最用功的时候，中学生正是发挥想象力，思维最活跃的年纪。而我国现代的学生多半时间是在教师和家长的要求下埋首苦读，要么就是浪费在游戏中，几乎没有什么别的内容，两点一线的生活使他们的思想和行为都与社会和自然脱节，变得麻木，对身心的成长与塑造更为不利，而那些只会做题的学生其实对社会一点帮助都没有，美育也就成了"空中楼阁"。所以接触社会，自然是学生的必修课，它需要学校为学生挤出一点时间，把这些内容补上，这是作为学校和教育工作者的责任。

4. 修订完善美术教材，完善美育教学内容

课本是教学的工具。内容的优良也是引起师生兴趣的最好方法，而编排则体现出教师对于美术教育的解读，判断是否适合时代发展，反映当代艺术的精髓，给学生以启迪，尤其是中学美术课中要特别强调鉴赏的重要性。艺术的表现意义有时候无法用语言来形容，必须靠对视觉上的冲击，来引起读者强烈的共鸣，才能在画面之外表情达意，还原这种心理活动来获得审美的享受。鉴赏课并非仅仅是欣赏，欣赏从本质上来看是与人的感觉、想象、情感体验等感性认识息息相关。"鉴"就是区别、甄别与其他事物的不同点或者突出的优点；"赏"才是升华艺术的价值，这其中融合了对生活、生命、艺术、爱情等太多方面的考量，体现了从感性认识上升到理性认识的深刻性。所以在赏析的同时，必须要考虑到画家或者艺术家当时的社会背景、历史条件、所处环境、自身境遇以及在怎样的情感活动下促使了作品的产生。除此之外，还要在这个过程中加入适当的音乐、故事、影视题材，配合学生去体会作画者当时的心境，了解艺术的真谛，并且在这个过程中鼓励学生表达自己的想法，了解学生的思想活动，发散学生的思维。鉴赏课包括原始艺术、古典艺术、现代艺术等相关内容，目前的教材中涉及当代艺术内容较少。今天的艺术已经变成了多元化的表现形式，艺术与生活联系更加紧密，学生沉浸其中不仅要养成现代气息，还要让他们能够辨识真正的艺术，具有正能量的美术修养，这样才能促进初中生形成更好的世界观和人生观。对于这一问题曾有过争论，我认为，一些不利于

中学生成长的当代艺术内容是不应该出现在中学生的美术教材中的，但是我们也不能"一刀切"，对当代艺术内容完全忽略。我们应该正确地面对，而不是忽略。

四、美术教学在美育渗透中的终极目标

美育是一项伟大的事业，在我国更是一项巨大的工程。未来我国美术教育的发展充满希望，国家对艺术与文化等精神层面的发展越来越重视。政策上，美术这门学科不再受到应试的影响而被忽视，反而将美术列入升学考试中的必备学科。国家加大对美术教学资源的合理配置，完善美术评价机制，开展更多教师培训和学生实践学习的机会。实现美术教师薪资待遇与其他学科合理平等化，提高教师教学热情和教学科研积极性。未来我国美术教育发展就是要把培养学生的完整人格作为教育的终极目标。教师要不断探索教学方法，塑造"完整的人"，将美术学科与其他学科相结合，充分发挥美术的育人功能。

1. 以培养学生完整人格作为最终教育目标

未来我国中学美术教育的发展应该以培养学生的完整人格为最终教育目标。美术教育不同于自然科学知识的教育，它被认为是社会科学知识教育的根本之处，是完全以人为本，给人的心灵以本质的定性，塑造"完整的人"就离不开其他教育。然而，从美术教育入手，将美育渗透在整个教育过程当中去，才能实现真正的"完整的人"的目标。所以，柏拉图才提出艺术教育应为教育的基础，席勒认为艺术教育是培养完美人性的唯一途径。习近平总书记在讲话中提出实现中国梦，而要想真正意义上实现目标，不仅仅是物质上的极大富足，还要求每个中国人都有良好情操，或者说有人格上的崛起以及作为中国人的自豪感。几十年的改革开放使中国富起来了，但是在人格上却存在着某种程度的缺失，美育教育就是要把这一重要的精神力量恢复。五千年的华夏历史创造过很多被世界所称赞的文明，但我们在对美的理解上存在某种误区，我深深感到是时候发挥美育教育的作用了，把先贤的智慧拿过来，先从思想上进行改革。当年鲁迅先生弃医从文就是这样的痛心疾首，虽然看似有点夸张，但是我们应该警醒，毕竟青少年才是社会的未来、国家的支柱，培养着少年完整且具有中国特点的人格才是民族的希望。孔子提出"兴于诗、立于礼、成于乐"的

思想，说明孔子在很早就已经意识到艺术解放了人，在更高的层次成就了人，这种独特性是其他教育所不具备的。

2. 充分发挥美术教育的育人功能

美术教育可以培养人们的创新精神、创新意识和创新能力，这些都是素质教育的核心内容。虽然其他学科教育也提倡创新，但实际情况则是磨灭了学生的创新能力。创新能力的缺失已经不再是学生，而是社会大众的普遍现象，这与在整个教育中忽视美术教育有直接的关系。因此，我们应该重视美术教育中动手操作、鼓励个性的表现。当今世界已经进入了"读图"时代，美术教育可以提高人们的视觉读图能力。现实生活则要求我们必须阅读铺天盖地的视像，掌握线条动势、形体结构、色彩倾向、空间大小、明暗效果、肌理以及比例等，这种语言的掌握是新时期人才应当具备的基本素质。所以，我们要充分发挥美术教育的育人功能。因为它不仅能拓宽人的眼界，使人们的感觉和知觉变得更敏感和细致，而且它善于展现美，从而使人更好地理解图像话语世界。美术教育功能重在感受和促使人的成长，让人的视觉感到美好而深刻，从而激发内心世界的波动，理解画面所表达的含义。现代社会经济的发展十分需要美术教育的支持，换句话说，美术教育已经成为促进经济发展、提高社会生活质量的重要因素。

语文美育作为学科美育，和音乐、美术等课程一样，是对受教育者实施美育教育的具体途径之一。

语文美育借助课程资源中的审美因素对教育者实施美育。

必须尊重语文学科的特征和规律，不能脱离学生听、读、说、写的语言实践。

语文美育首先是一种重要的教学方式，其次才是一种教育目的。

通过语文美育这种审美化的教学方式，使学生自主学习的能力增强，能够积极主动地去获得语文基本知识和提升基本技能，达到对语言的掌握和运用。

在前者的基础上，依据情商理论和人本主义理论，通过语文美育这种方式，培养学生情商，健全其发展，完善其人格。语文美育的重要途径是文学教育，其目标是达到"立人""成人"的培养标准。

这是古今中外语文美育的共同规律。

第五章 语文学科 美育的渗透：

第一节　射中语文教学中美育渗透的新"靶心"

一、语文美育渗透的"靶心"何在？

语文美育的目标可以分为基本目标和终极目标。

1. 基本目标

语文美育的基本目标是，充分挖掘和利用语文课程中的美育资源，通过语文资源中美的情感、美的形象、美的语言和审美化的语文教学方式，激发学生的学习兴趣，增强学生的自主学习能力，使其能够主动、积极地接受语文学习，愿意参与语文教学的过程，获取语文基础知识和基本技能，具有良好的语文学习习惯，掌握语言并能自由运用；让学生获得一定的美学知识，使其受到美的熏陶，培养他们正确的审美观点，培养他们自觉的审美意识、高尚的审美情趣、审美感知、审美想象和审美创造的能力。激活学生的创造性思维活动，发展其智力。

2. 终极目标

学校教育的终极目标是借助人类创造出来的精神和文化去发展学生的个性，造就伦理、道德、心智、身体等全面发展的人，而学科教学是青少年人格的全面形成和发展的主要载体。语文课程蕴含着丰富的、美的资源，这些资源是非常丰富的人格教育因素，因此，语文课程对学生进行人格教育具有其他课程无法比拟的优势。充分发挥这种优势，在课堂教学中高扬"人本主义旗帜"，培养学生的情商，健全学生的人格，使其逐渐形成个性化的人格范式，进入精神自由的境界。在学习中能主动地去进行意义建构：正确地鉴赏文学、艺术作品，综合不同的作品或社会现象，表现出一定的价值评价，逐渐形成自己的审美倾向和是非标准，独立自主地审视社会，感受人生，用自己的视觉、情感、语言去表现社会、人生，成人、成才。这是语文美育的终极目标。

二、语文美育渗透"靶心"之外的"环线"何在？

语文美育的功能需要从个体层面、社会层面、自然文化层面三个不同的层面体现并进行分析。

审美教育有助于促进人的知、情、意全面发展。语文美育是促进学生的知、情、意全面与健康发展的最重要途径之一。语文美育的功能十分广泛，体现在不同的层面中。

1. 个体层面

语文美育在个人层面促进个体情感的释放和陶冶。学生在老师的引导下，在感知审美对象以及对审美对象进行鉴赏、评价的过程中，使审美活动引起的感情冲动得到释放，并因对象美的特征的影响，使情感得以陶冶，向着积极、健康的方向发展，如自尊、自律、慷慨、勇敢等。对美育的这种功能，蔡元培先生曾有论述，他说："当着重要关头，有'富贵不能淫，贫贱不能移，威武不能屈'的气概；甚至有'杀身以成仁'而不'求生以害仁'的勇敢；这种是完全不由于知识的计较，而由于情感的陶冶，就是不源于智育，而源于美育。"蔡元培先生论述的美育的情感的陶冶功能及所举例子，正是语文独有的美育因素，促进个体人格的协调平衡。语文教育的终极目标是帮助受教育者形成健康的人格，使其学会创造。而现实情况是，许多学生存在着心理问题，因内心的失衡与偏执，失去了这种创造力。语文美育在提高学生感知、鉴赏与创造美的能力的过程中，可以帮助学生摆脱这种心理困境，使其内心平和，使自身的各种心理功能处在协调平衡状态，而协调平衡的状态能使人体验到生命的完美和人生的幸福，使个体身心健康而充满创造活力，促进个体创造性的发展。

人之所以崇高，就在于是以主体性的方式存在的，他能够超出他所属物种所给予他的限制，而表现出与动物根本不同的创造性特征；人之所以伟大，就在于他不仅能够通过创造的实践活动超越一定的、有限的存在而获得短暂的满足，而且能够在获得短暂的满足之后，仍然超越有限的壮举，为自己的生存与发展寻找终极的理由，为自己的生活设计更完美的蓝图。语文美育是一种人文性的素质教育，尤其是文学教育，是开发和培养学生创造性的最佳教育形态。

创造性思维是语文美育的根本任务，创造性教学是语文教学的灵魂。学生在诗文的鉴赏和写作中，在各种语文美育活动中，都表现出极高的创造性，同时，语文美育又促进了这种创造性的发展。创造性思维获得的不仅仅是成功，创造也是每一名学生在学习过程中都可以获得的至美、至乐的情感体验。

语文美育的目的是培养学生的创造性人格，是提升学生的人生境界；而提升学生的人生境界就是让学生学会按照美的规律来进行创造。学生对语文美的创造的表现形式是多种多样的：发现美是一种创造，接受美也是一种创造；创新是一种创造，模仿也是一种创造；当一次小编辑，办一期手抄报是一种创造；当一回小记者，搞好一次采访活动也是一种创造；发表一篇习作是一种创造，能发现媒体上的错别字和病句同样是一种创造……这些创造是学生形成主体性人格的标志，教师应对这种多样性的美给予充分肯定。

2. 社会层面

语文美育在社会层面促进个体社会性的发展。首先，人是社会的人，个体不可能脱离社会而存在。个体情感的产生、体验与表达都是寓于社会情境之中的。在社会情境中，个体的情感体验与表达是在与他人的相互作用中完成的。语文美育为个体情感的产生、体验与表达提供了这样的社会情境。在语文美育过程中，个体是审美活动的发动者，同时又是其他同学审美活动的欣赏者、评价者和合作者。离开了他人，个体的审美活动会难以开展，比如，在表演课本剧的过程中，不管自己负责哪一方面的事情，都需要和他人合作才能演好一个课本剧。因此，语文美育可以培养个体对他人的尊重，可以培养个体的群体意识，从而促进个体社会性的发展。

语文美育在社会层面促进人与人之间的沟通与理解。在信息技术日益发达的现代，人与人之间心灵的沟通与理解却越来越困难，这给人带来了生理和心理上的负担，也使社会在一定程度上失去了应有的协调与平衡。寻求人与人之间心灵沟通与理解的途径是现代教育的一大任务。语文教育因其自身的特点在这方面有独特的功能。通过实施语文美育，可以促进人与人之间的沟通与理解。语文美育为个体之间的情感交流提供了一个特定的审美情境。在这个情境中，不同的个体都能够得到情感的激发和表现，由于面对相同的审美对象，不仅在此情境中的不同个体可以相互沟通与理解，而且这种沟通与交流还可以突破时空限制。例如，学生在鉴赏优秀影视作品时，播放影视作品的地方便成为一个情感世界，即使是平时性格内向的学生也会流露真情，甚至激情迸发。大家分享着共同的情感经验，每一个个体的情感向四周传递，在弥漫着同感意识流的审美情境中，不同的个体获得了一次真挚、深切而又无声的集体心灵对话；学生在鉴赏中外优秀的文学作品时，可以与不同时代、不同肤色、不同国籍的人进行情感交流和心灵对话。同时，在语文美育过程中，在语文美育活动（如创作、表演课本剧、办板报等）中，学生的合作精神得到充分体现和培养。

语文美育在社会层面培养和发展个体爱的能力。爱是人的天性，但在人的成长过程中，由于各种原因，这种天性有时会被泯灭，而语文美育过程给个体爱的天性继续发展的机会。从中学的生理和心理特征来说，这种爱的天性最主要表现为友情、爱情和亲情方面。从中学教育现状来看，学校缺少对学生高尚爱情观的教育；由于各种原因（如一家只有一个子女，长辈们的娇惯等），使得学生以自我为中心，缺少对长辈的理解和尊重，从而导致亲情缺失。而语文美育资源中有着非常丰富的友情、爱情和亲情教育资源，充分挖掘和利用这些资源，在语文美育过程中对学生进行友情、爱情、亲情教育，发展个体的爱的能力，这是语文美育的重要社会功能。语文美育能够培养学生正确的友情观，能够培养学生健康、高尚的爱情观，能够培养和加强学生的亲情感。

3. 自然文化层面

就文化的产生来看，人类的最初活动是和自然发生关系，文化也是在这个过程中产生的，因此，文化的基本内涵应该是在人与自然的相互关系中形成的，其中，最主要的特征应该是人如何认识自然，研究自然对人的意义究竟何在。中国哲学和文化学中"天人合一"的特征，也说明了这一点。因而，杜卫指出："从最一般的意义上说，文化是人类活动及其对象的总和，它是在人与自然的相互关系中形成的'第二自然'。"

语文美育的文化功能，在于促进人与自然和谐关系的建立。向往自然是人的天性，由于种种原因，比如城市化，使人的这种天性受到压抑。而语文课程资源中有丰富的自然教育资源，比如游记散文、古典写景抒情诗词等。通过利用这些资源可以帮助学生正确认识人和自然的关系，使其懂得中国文化的基本特征是"天人合一"，如果我们想要诗意地生活在这个世界上，必须保护我们赖以生存的自然环境。同时可以利用当地的自然资源，把学生带到大自然中去，让他们的身心得到滋润，从而使学生在大自然中感受美与情感的共鸣。

第二节　挖掘语文教学中美育渗透的新内涵

一、挖掘教材中渗透美的"点"

美育在学校教育中的实施主要是通过学科教学来实现的，而语文学科因其独特的人文性和丰富的情感性，使其成为美育在学科教学中实施的主要阵地。其教学内容具有独特的审美属性，如教材内容所蕴含的语言美、韵律美以及文字内容所展示的自然美、社会美、艺术美和科学美等属性为语文审美化教学在语文教学中的实施提供了可行性。

1. 语言美

语言是思维的物质外壳。语言美是文章遣词用句的美。现行的语文教材中，大多是文质兼美、脍炙人口的名篇佳作，蕴藏着丰富的语言美的资源，并且有多种表现形式：有的作品语言富有含蓄美，如川端康成的《花未眠》；有的作品语言以音乐的特性律之，极富音乐美，如白居易《琵琶行》；有的作品语言庄重、雄奇、风趣且瑰丽，如碧野的《天山景物记》；有的文章语言句式别致，情感变化多端，景色美不胜收，如刘禹锡《陋室铭》；有的文章语言平凡、清淡，明白如话，好像作者就与我们相视而坐、娓娓而谈，如朱自清的《背影》。如果从体裁的角度来看，不同体裁的文章借助语言所表现出来的美也是独特的，如，小说中环境描写的精致美，心理描写的细腻美；散文的情志美；诗歌的音韵美；杂文的犀利美；说明文的准确美；应用文的规范美等。由于本书的篇幅有限，所以，我们主要从诗歌和散文两方面来探讨语文教学的语言美。

（1）诗歌的音韵美。诗歌的语言是特殊的，美学家朱光潜说："诗是最精妙的观感表现于最精妙的语言。"一般情况下，诗歌的语言音韵和谐，鲜明悦耳，"诵之如行云流水，听之如金声玉振"。之所以能够产生这种效果，主要是因为诗歌的节奏能使其语言抑扬顿挫、错落有致，特别是双声、叠韵的使用，更是充分发挥出诗歌语言的音韵美。如李清照的《声声慢》："寻寻觅觅，冷冷清清，凄凄惨惨戚戚。"这三句诗由低音调的叠音词构成七个均等的音阶，从这缓慢、低沉的节奏中，不仅可以真切地感受到诗人那无限凄凉、悲苦、空旷和寂寞的心境，而且仿佛听到了诗人寻来觅去的、沉重而迟缓的足音。

（2）散文的情志美。散文接近于诗歌，但更强调以情取胜。入选语文教材的散文多讲究语言节奏、动感、对仗与排比，做到语调和谐，句式善变，有回环激荡之美。我们阅读散文时或忧或喜就是缘于散文中具有或浓郁、或淡然、或深沉、或直率的情感。如鲁彦的《听潮》中介绍了如同交响乐的大海，通过揭示大海刚柔相济的美来抒发热爱生活、积极向上的生活态度。

在语文教学中，可以采用多种方式，如教师范读，播放配乐朗诵磁带，等等。通过刺激学生的听觉器官，使他们在品味教学内容语言美的同时，受到美的陶冶，并由此产生对创造美的积极性。

2. 形象美

语文教材内容中的形象美不仅仅是指自然形象的美，也包括体现人性的美好或进步意识的美。这些美都是"形"中有"意"，"象"中有"味"，除了具有认识作用和教育作用之外，还具有美感作用。下面将分别从四个方面来进行说明。

（1）自然美。自然美是指自然界中一切使人赏心悦目的事物具有的审美特征和审美价值。自然美涉及范围非常广泛，教材中写景状物的文章往往表现出多姿多彩的自然美。例如，朱自清的《春》写了春草、春花、春风、春雨等自然景物，从而表现出"春"到江南的艳丽、柔和、温馨、生机勃发的美。而朱自清的《荷塘月色》则为我们描绘了明净而清亮的月下荷塘、轻盈多姿的荷花、沁人心脾的缕缕荷香与心怀淡淡的哀愁和喜悦并独步月下的作者组成的静谧、和谐、充满着优美的、诗情画意的自然之美。陶渊明的《归去来兮辞》写了作者辞去彭泽令后归家时的愉快心情和隐居的乐趣，表现出一种悠闲之美。叶圣陶的《苏州园林》则使读者感受到园林的图画美。值得注意的是在语文教学中分析景物时千万不能丢开作者的"情"，否则就不能使学生欣赏到真正的美，受到自然美的陶冶。例如，刘白羽的《长江三峡》，色彩斑斓的笔调，描绘了三峡的奇险壮丽，一幅幅别具风采的画面，饱含着一个革命战士豁达、豪放的情怀，深刻地表达了"战斗、航进、穿过黑暗走向黎明"的精神，其中有机地融进了作者的情怀，因而产生了激励的美感。

（2）社会美。社会美是指社会生活中各种事物、现象的美和人的美，它包括人物美、劳动美等。其中人物美在社会美中占据中心地位，而高尚的道德情操、正确的人生观又是人物美的核心。在语文教材中，有许多正面人物，像鲁迅的《一件小事》中敢于负责、正直无私的人力车夫和严于解剖自己的"我"；周立波的《分马》中关心群众、舍己为人而又注意工作方法的郭全海；王愿坚的《七根火柴》中红军过草地时，那位精心保存七根火柴的生命垂危的战士；欧·亨利的《麦琪的礼物》中纯洁、无私、高尚的德拉和吉姆；北朝民歌《木兰诗》中的木兰深明大义、刚毅勇敢、勤劳善良、不图功名而又胸怀柔情。魏巍的《我的老师》中的蔡芸芝热爱学生、热情公正、温柔美丽、教导有方……这些都能使学生感知人物的美。

（3）科学美。居里夫人说："科学本身就包含着美。"如叶圣陶的《苏州园林》是一篇建筑说明文，除了具有反映客观事物的图画美之外，还具有一种严谨的结构美。文章从大处分说，从小处详写，体现了先主后次的顺序。这篇文章以图画美为线索，从图画开始，到图画结束，脉络非常清晰，充分展示了文章的结构美；华罗庚的《统筹方法》一文中用匀称的图形简明地介绍了优化工作程序的统筹方法，展现了科学理论的应用美；等等。

（4）艺术美。艺术美包括文字内容所描述的音乐美、绘画美、雕塑美、工艺美、建筑美等等。语文教材中，《观巴黎油画记》《核舟记》《中国石拱桥》等都是其代表。

3. 意境美

优秀的文学作品能净化人的心灵，培养人的情趣，陶冶人的性情，美化人的灵魂，而这一特有功能又集中表现在作品的思想意境上。那么，何谓意境？意境是指作者的思想感情，即文学作品中所描绘的生活图景和表现的思想感情，融洽、一致而形成的一种艺术境界。它能使读者通过文字展开丰富的想象和联想，身临其境，在思想感情上受到感染，产生共鸣，接受熏陶。

　　由此看来，语文教学的首要任务就是把学生带进作品的艺术境界里去体会其意境之美。如毛泽东的《忆秦娥·娄山关》，意境深邃。上阕用"烈"摹状西风，用"叫"摹状雁声，用"碎"摹状马蹄声，用"咽"摹状喇叭声，形成急行军的雄壮气氛，构成一幅"霜晨寒月进军图"。下阕用"海"摹状连绵起伏的群山，用"血"摹状落日喷出的火焰，勾勒出一幅"残阳晚照向前进"的图画。教学中，教师若从形象入手，绘声绘色地对两幅画加以描述，如上阕描写呼呼的风声、嘎嘎的雁叫声、哒哒的马蹄声、呜咽的喇叭声，学生就好像听到战马的嘶鸣，仿佛看到大军的前进，学生便会很自然地进入诗的意境中，理解红军在长征途中以排山倒海之势，抢夺关隘，健步跨过娄山关的豪迈气概，更深入地领会"雄关漫道真如铁，而今迈步从头越"的深刻含义。这样，学生不仅看得见心旷神怡的画面，而且被作品表达的哲理所打动。再看杜甫的《闻官军收河南河北》。安史之乱，使诗人饱受颠沛流离之苦，但他一听到"收蓟北"的消息时，是何等的惊喜啊（泪满衣裳）！全诗写他听到喜讯后一瞬间的欢乐情绪一气呵成，狂喜的激情犹如三峡的激流，一泻千里。而且，我们从他的诗里，不仅看到了他淋漓尽致的狂喜之情，还从他的情里看到了他向往国家统一安定、希望老百姓过上太平日子的强烈愿望。他的这种愿望与他的"致君尧舜上，再使风俗淳"的清明政治理想是一致的。可见，诗歌中强烈的感情色彩与艺术形象是饱含着思想愿望的，是或隐或显体现出作者的"志"的。

　　语文教材所蕴含的丰富的美不胜枚举。语文教师要在具体的教学中，利用教学知识挖掘这些美，把传授语文知识和发展学生的审美能力统一起来。

二、描绘教学过程中渗透美的"线"

　　根据新课标要求，不管是小学、初中还是高中语文，都提出了美育的要求。其中《普通高中语文课程标准（实验）》明确指出："注重语文应用、审美与探究能力的培养，促进学生均衡而有个性地发展。"从"审美与探究能力的培养"的课程理念上，我们可以明确地看出语文美育性质以及语文肩负着的美育的使命。语文课程的基本理念为语文美育提供了可行性。语文教育无论课堂教学还是语文本身的内容都具有审美因素，为实施美育提供了可行性。

　　后现代课程论认为，"课程是一种过程，但不是教师向学生传递其所知道的过程，而是师生一起探索其所不知道的过程。"这个过程是通过师生的共同探索来实现其认识领域的拓展和延伸，同时，实现师生观念和思维的转变和发展。个人一直反对的是把语言作为交际的工具，如果人们把语言当作一个交际工具的话，那么就相当于把语言技术化，也就会把自己的思想套上技术化的枷锁。语言发展技术化倾向的同时，语文教育也不可避免地染上技术化的倾向，这已经够可怕的了，如果再用技术化的语言来表述语文教育会使语文教育越来越危险。

在语文课堂上，课程的安排上就要有一定的审美因素。作为一节课的开始——课堂导入，以典故、悬念、幽默、故事等方式，借助多媒体使引入更加丰富多彩。因为有句俗语："良好的开始是成功的一半"，用多种方式作为课堂导入的目的是使课堂丰富多彩并具有多样性，而不是一成不变，最重要的是要吸引学生的注意力，让学生意识到新的课程就要开始了，让学生的思维先回到课堂，再融进教学内容中。

在课程中段可以采取启发、议论、角色扮演、分组学习等方式增加学生的课堂参与度，尤其是分组的讨论学习。中学这一年龄段的学生大多活泼好动，有争强好胜之心，小组内的同学既是合作探讨的伙伴，又是一个小范围的相互竞争环境，可以让学生更好地融入课堂，沉浸于课堂的氛围中。

在课程的结尾大多应采用归纳总结、相似引申的方法。归纳总结法是很多老师都会用的，通常会作为一节课的重点让学生去记忆，所以一些"聪明"的学生就会在课程的前半段并不听课，到最后打开本子拿出笔写上几个字，就认为这节课已经听了，这种情况并不少见。个人认为课末尾的相似引申法最为重要，是构建开放课程的最重要因素。对课堂教学的各个阶段、各个环节的内容进行一种与众不同的设计，既可以使课堂丰富多彩，又可以充分展现一位教师的教学风格和特点，更可以使学生学到知识，主动参与课堂学习，并具有审美的价值。

语文课堂的节奏安排上也可以具有审美因素，如根据课文情节的不同，教师的声音也应不同，尤其是在讲授古文的时候音调的强弱、语言的韵律、语言的快慢、语句的重音……都可以使课文富有节奏感，使课文生动、形象而又富有变化性。课程讲授过程中多媒体运用、教师讲授、教师板书应交叉出现。现在很多学校、很多课堂都采用了多媒体教学，但是在多媒体教学中容易出现的一个问题就是老师盯着多媒体电脑照本宣科，不看学生。学生拿着笔盯着多媒体屏幕观看或者抄写，不看老师。这其实就形成了一种视觉差，老师和学生之间谁也不看谁，在课堂中缺乏师生之间的交流，那么课堂就不可能成功。多媒体是一个辅助工具，是为了让老师的课堂更轻松，不用书写太多内容，可以展现更多形势的内容。因此，多媒体绝不能成为师生之间的交流障碍，要是成为交流障碍的话，多媒体的使用就是有害无益了，所以个人认为多媒体、教师讲授、教师板书应合理交叉使用。

有句名言："一千个读者就有一千个哈姆雷特"，不同的老师对同一篇文章的解读会有所不同，教师应依据自己的实际情况，参照学生心理状况和基础水平，对教学内容的详略、取舍、多少、设计应进行合理的安排，使之能更好地适应学生学习，使学生感到和谐、愉悦。深入研究语文教学节奏的规律及其特点具有审美价值。

三、铺陈课堂氛围中渗透美的"面"

通常会听到学生抱怨："我不喜欢那个老师的课，不是他的知识不够，而是他讲得不好，课堂很闷"，如果学生不喜欢你的课堂，自然不会喜欢你这个老师，那么你的课程自然学生学得也不会太好。在学校里有时候存在这样一种状况："不少学生因为喜欢这个课堂，进而喜欢这位老师，最后喜欢上这门课。我觉得这才是我们老师应该追求的。"学校还存在另一种类似的状况："一些学生原来某门课学的还不错，但是换了老师之后，不喜欢这位老师的课堂，不适应那个老师的教法，进而不喜欢这位老师，最后本来喜欢的课程也变得不喜欢了，学得好的课程后来学的也差了。"这其实就为我们老师敲响了警钟，应该注重课堂氛围的营造，在课堂上教师的语言应富有情感色彩和表现力，不是干巴巴地念课文，应该设法让学生融入课文所营造的氛围中，教师有感情地投入课堂教学之中后才能唤醒学生，使整个语文课堂笼罩在师生共同营造的氛围中。这样的课堂氛围具有审美价值。

语文教育深刻的人文性和丰富的情感性特征使其中有足够的因素实施美育。这里的丰富指的是课程内容应该具有不确定性、多种可能性、多种解释或多种答案。在传授课文内容的时候我们还应注意内容的关联性，也就是课文内容和文化、社会背景之间的联系。教师在传授内容的时候，没有必要指定阅读材料，点明历史含义，而应该在一番陈述后，给学生留出一定的余地，留出一定的时间让学生自己去思索，自己去探讨。因为老师最重要的是要引导学生去思考、去多角度地解读文本以及如何辨别这些文本的意义及其表现形式，而不是越俎代庖，把什么东西都讲出来。如果教师一直都把教材编写者的观点当作最佳的解释，那么这些文章学生即使了解也不过是了解教材编写者的观点罢了，而不是自己真正思考的结果，长此以往，学生就会把教材、教师看成绝对的权威，不会去怀疑，更不会主动地去探索。刘勰在《文心雕龙·神思》中谈道："登山则情满于山，观海则情溢于海。"当代学者、美学家朱光潜在《谈美书简》中也曾说道："我们在欣赏一片山水而觉其美时，就已把自己的情趣外射到山水里去，就已把自然加入人情化和艺术化，所以有人说：'一篇自然风景就是一种心境。'"

古今中外的文学家们在课堂教学过程中塑造了无数栩栩如生的艺术形象，教师应该达到引导的作用，引领学生置身于作品的意境中。语文教材中丰富的内涵引发了作者情感的波动，作者情感的波动通过作者的加工，融入自己所创作的作品中，景融于情，情溢于景，情景交融，所称佳作。作者所表现出来的不仅仅是美丽的景色，更重要的是无穷尽的美的内涵和意蕴。

例如，"大漠孤烟直，长河落日圆"，难道描绘的仅仅是荒漠落日图吗？怕不尽然吧！如《纪念刘和珍君》中，鲁迅先生所称赞的"敢于直面惨淡的人生，敢于正视淋漓的鲜血"的刘和珍不仅是一个请愿被杀的学生，而是蕴含着鲁迅先生期望的、奋然前行的、中国青年的形象。

从这些作品中我们不仅要了解到真实的历史，更重要的是可以从中理解到人性之美与人性之丑。语言是文学的基础，文学是语言的艺术，文学的语言记录了山川湖海，记录了花鸟鱼虫，记录了生活场景，记录了社会历史……文学的表现形象也许不够直观，但是涉及面更加广阔、复杂和丰富，优秀的文学作品又蕴含着作者的思想感情，或记录历史事件，或塑造人物形象，这些生动而又富有内涵的艺术形象是一种无形的财富。学生接触并了解这样的形象，就有可能会如见其人，如临其境，在学习的过程中受到影响和感染，从而得到一种情感上的教育和学习。教材的作品呈现的无论是北国还是江南，无论是大漠还是陋室，这一幅幅图卷不仅描绘了美丽的画面，更重要的是要让学生感受到无限的美感，使他们领略到美，感受到美。

四、锻造学生学习心理中渗透美的"体"

不同年龄段的人拥有不同的审美心理特征。青少年进入中学时期以后，由于知识经验的积累，思维和想象能力的提高，情感的丰富、稳定性的成熟，其审美心理也逐渐成熟起来，审美意识、审美观念初步形成。中学生所具有的审美心理及其特征以及中学语文教材内容中蕴涵的审美因素为中学语文审美化教学的实施提供了可行性。

这一时期，审美心理的主要特点表现在如下几个方面。

1. 审美经验逐渐积累，审美视野显著扩大

随着中学生知识经验的积累和学习范围的扩大，其审美对象已经突破了简单的形式美和艺术美的范围（这是儿童时期的审美范围），涉及了形式美、意境美、自然美、社会美、艺术美甚至科学美等具体范畴。中学生对抽象形式美具有一定的审美把握，即能把握相对于具体形象的抽象形式所包含的某种情感意境，能从中获得审美需要。

此外，他们开始欣赏诗歌、散文、小说、美术、音乐、舞蹈、电影、影视剧等艺术的形式美和意境美，开始对大自然的美丽景色进行关注，也开始关注外在的形式美，对自己和他人的容貌、服饰、发型开始留心等。同时，这一时期的学生能够初步判断社会生活中的真伪、善恶和美丑，开始体验社会美的丰富内涵，探讨人生的意义。

审美感知敏锐、审美想象活跃。中学生的审美感受能力进一步加强，他们对对象所具有的审美特征能够更全面、清晰地感知。审美感知敏锐，如他们不仅能感知自然事物的外部形态美，而且能感知更为隐蔽的结构美、运动变化美等。如在阅读文学作品时，常常为人物的悲惨遭遇而感动得流泪，为人物的崇高品德而赞叹不已。在欣赏音乐、美术等艺术作品时，常兴奋得欣喜若狂、如痴如醉。他们的审美想象丰富且具有幻想、浪漫和强烈的主观情感色彩。同时，由于中学生的心理发展不断成熟，他们开始运用自己的审美标准来评价审

美对象、自主地评价文学作品和艺术品。有的中学生已表现出相当强烈的审美参与性和审美评价的热情和能力，对寻常的电视、报刊、活动中的形象与事件进行积极的、有主见的评价。但是对于大部分的中学生来说，如果没有专门的审美教育，他们的审美评价尤其是审美鉴赏能力的发展水平就显得较低。对于一些高深的艺术作品和美学现象，他们还缺乏鉴赏能力。

2. 审美情感体验丰富

审美意识和愿望更加明晰。随着学习范围的扩大，中学生接触的审美对象不断增多，其审美视野逐渐扩大，审美情感体验日益丰富、复杂。同时，由于其智力的发展和抽象逻辑思维能力的增强，审美理解能力也有了显著的发展。他们不但能把握对象的形式美，而且能领悟审美对象的意境，使审美情感体验超越感性愉悦而进入精神愉悦的境界。

3. 审美态度情绪化表现

中学生与成人相比，情绪还不稳定，情绪反应更多地表现出心境化的特点，受情绪的支配，中学生在审美活动中的审美态度也就有情绪化的特征。中学生审美态度情绪化的第一个表现是"移情"。"移情"是主观意识决定客观事物的一种心理现象。但是由于中学生情绪的自控能力不强，情绪易冲动，理智感、道德感等社会性情感还不够完善，致使个别学生在欣赏文学作品时有"移情过分"的现象。一味地"移情"，不但不能增强美感，反而会使美感消失，甚至会产生痛苦感、不幸感、绝望感。

中学生审美态度情绪化的第二个表现是审美心理的"失距"。英国心理学家布洛认为："在审美活动中，审美主体与审美客体之间应有一个适中的'心理距离'。""心理距离"是一种主体与客观对象之间特殊的心理态度，心理距离的过远与过近，都不能形成审美心理。在审美活动中，必须把客观现实同艺术中虚幻的景象区分开来，保持适中的"心理距离"才能获得审美感受。

中学生审美心理"失距"的主要表现是"距离过近"或"距离消失"。由于中学生处于情感最丰富的时期，容易激动，富于幻想，他们在阅读文学作品时，会不由自主地在其中"扮演一个角色"。不能与角色保持一定的心理距离，易"入"难"出"，易"放"难"收"，以致出现读了文学作品之后个别男生要到少林寺去习武，个别女生把自己当作林黛玉的现象。这是中学生不善于控制自己的情感，没有形成正确的审美态度的原因。

4. 审美趣味具有差异性

在对美的欣赏和判断中，审美主体更多地会对审美对象以及审美对象的某些方面表现出特别的喜好和偏爱，这种喜欢和偏爱就是个人的审美趣味。中学生因为生理心理素质、文化视野、生活境遇和人生阅历的不同，从审美对象上所产生的审美趣味就会有质和量的级差。加之审美对象本身的丰富多彩，同样也会导致审美趣味的个性差异。

另外，由于大多数中学生是以自己的爱好、趣味去评价或判断某一对象美与不美，加之每一名学生由于感知形象的能力、心理特点、思维方式、生活经历以及情绪等方面的差异，他们在欣赏同一对象时，会有种种不同的审美感受和审美判断，这表现出审美感受的差异性。

审美能力的增长是指审美心理的高度发展，年龄的增长只是提供了一种可能性，更重要的是还需要相应的教育，尤其是美育才能使之成为现实。对于中学生来说，其心理发展水平日益成熟，他们的抽象思维有了较大的发展并占主导地位，表现为既能描述、解释现象，又能揭示现象的本质和规律；其思维的独立性和批判性有了显著的发展。因此，实施美育时要尊重中学生的主体性，培养其审美个性。中学生的情感发展趋向深刻稳定，尤其是社会情感如道德感、理智感以及高级的美感有了较高水平的发展。因此，审美化教学要重视其审美趣味的培养。如利用各种机会扩大他们的审美视野，为他们提供不同题材、不同形式、不同风格的作品，以此来形成他们多种多样的审美趣味并不断优化。

教师在了解中学生的审美心理过程以及其独特的审美心理特征之后，在实施审美化教学时就可以遵循其审美心理规律，但要提出语文审美化教学的实施的有效策略，还要了解语文教材所蕴含的美。

第三节　搭建语文教学中美育渗透的新支架

一、绘好语文教学中实施美育渗透的设计图

1. 线条设计：交流性原则

不管是什么形式、什么科目、什么目的的教育都需要教育者和受教育者之间相互沟通、交流。美育的实施更是要这样，不能教育者觉得很美、很好，讲得天花乱坠，自我陶醉，但是受教育者却没有一点点反应，那么，即使再好的东西也无法很好地传授。美育是一种情感的教育，那么，它的实施过程就应该是一种情感交流的过程，它激发了人们审美的动力，而不是传统的说教和灌输，更不是"填鸭式"教学。教育者和受教育者之间没有情感的交流，那么美育就是失败的。

审美教育又可以说是"不可言传"的，没有必然的、固定的步骤，因此，我们不能照搬智力教育的一些方法，只能让学生处于特定的审美环境中来体验教师所营造的氛围，流露的情感，在交流中感染学生，从而激发学生的审美情感。中学生的心理状况复杂多变，各种压力和外界因素造成大量心理问题，比如焦虑、抑郁、厌倦等，但是人类对于美的需求是自然而然形成的，学生也是有美的需求的，用愉快的情感来消除负面的情感更有利于学生的成长。师生的交流是完成课堂教学的基础，同时也是引发审美体验、实施美育的重要原则。

2. 色彩设计：体验性原则

从审美心理学的角度来说，审美体验是指："审美主体在审美活动中，对审美对象进行聚精会神的审美，是在内心所经历的感受。审美体验的成果，就是审美感受的获得。"我们要使受教育者受到审美教育，在教学过程中受教育者才是真正的审美主体，一定要让他们感知到美，教育者在课堂教学过程中进行审美教育，必须按照体验性原则，运用多种教学手段进行审美教育，比

如，用视觉去欣赏课文所表现的美丽景色，用听觉去聆听和课文相关的多媒体文件，教师用生动的语言去渲染气氛，创设一定的审美情境，让学生去感受作品、体验作品。

作者所创作的作品是作者智慧的结晶，也包括作者自己的审美体验，他们通过文章的形式把自己的对生活体验、情感、感受传达给读者，作为读者的学生只有真正地去感受、体验，才能在感情上与作者进行交流，获得真实的审美体验。在语文课堂教学中，要让学生直接参与审美活动，因为只有学生经历了才会产生体验，教师不可能代替，只能引导学生参与审美活动，给学生营造更好的审美氛围，给学生更好地呈现审美对象，在教学过程中给学生传授必备的美学知识，激发其动机，鼓励其想象和创造，使其参与审美活动，使其产生审美体验。

3. 创意设计：个性化原则

艺术家或作者创作作品的时候在作品中加入了自己的思想、体验、情感等，创作者和欣赏者的情感体验在很大程度上是不可能相同的，同是欣赏者，因为经历、生活、背景等不同，对同一篇作品的理解也会有很大的差别。"一千个读者就有一千个哈姆雷特"这句熟语很多人都知道，在莎士比亚眼中，可能只有一个哈姆雷特，但是在不同欣赏者的眼中，哈姆雷特却是不同的，不同的哈姆雷特是欣赏者基于文本的一种创造，这其实就是审美个性化的一种体现。

有的学生喜欢安静，有的学生非常活跃，有的学生喜欢看书，有的学生喜欢游戏，等等，有句名言是"世上没有两片相同的树叶"，学生也是如此，对于不同的学生来说，激发他产生审美体验的对象也会不同。所以作为老师要充分了解学生心理及审美特征，了解学生需求及审美水平，以便确定教学目标、安排教学内容、设计教学环节、制定个性化教学过程，做到"因地制宜、因时制宜、因材施教"，只有这样才能满足不同年级、不同水平、不同层次、不同类型学生的审美需求。

二、搭建语文教学中实施美育渗透的梁柱

1. 屋顶：营造审美氛围

在课堂教学中，课堂氛围的调节是十分重要的，课堂环境包括课堂物理环

境，比如温度、空间大小、座位编排方式等以及其他物理因素，比如光照、噪音等。课堂气氛通常是指"课堂占优势地位的态度和情感的综合状态，是重要的学习环境。"营造审美气氛就是要创造适合学生学习的良好环境，课堂气氛既反映师生关系，又影响师生关系。在良好的课堂氛围中，师生关系和谐，师生互动活跃，一个具有审美氛围的课堂是进行审美教育的前提。

从接受美学来看，审美的过程是从审美直觉开始的，所谓直觉就是指审美接受过程的第一感觉、第一体验。语文审美教学中映照审美氛围，首先是要通过视觉、触觉和听觉等手段，精心设计情境，使学生能够有效感知、理解作品中所表达的丰富情感，从而实现进行审美教育的目的。如讲授朱自清的《荷塘月色》时，可以通过欣赏荷花、荷塘的图片、诗句，从视觉上丰富学生的感觉，播放应景的小夜曲，从听觉上丰富学生的感觉。

2. 庭柱：激发审美情感

课堂教学是教师、学生、情境三者交互作用的活动过程，只有教师单方面地努力是不够的，所以要进行审美教育，作为主体的学生不能无动于衷，学生一旦不积极主动地参加教学活动，其课堂知识的获得就会受到阻碍。教室氛围的营造是课堂能够产生美、传输美的先决条件，但是只有教师的努力是不够的，还必须用各种有效地教学手段来激发学生的审美情感。每名学生都有自己的想法，都有自己的思想，所以教师在备课的时候，课堂目标、课堂思路、讲课方式应该和学生的心理有一定的联系，这样才能激发学生情感，进而达到教学的"共鸣"。

学生因为其年龄、经历、阅历、时代、心理的不同，其审美感受和审美情感必定会受到制约，有时候很难体会到作者所要表达的情感，所以中间不能缺少"中介"。这里的"中介"指的就是教师情感的投入和感染，老师首先要进入课文的角色，与作者同悲同喜，这样才能更好地激发学生的审美情感。

3. 桁条：诱发产生审美体验

语文审美教育目的之一就是让学生产生审美体验。我们的教学过程常常对教材分析过于详细，在时间上可以说是"满堂灌"，没有给学生留下想象的空间和时间，学生自然只能是被动地、仓促地去接受，而不会有时间和机会去思考，自然也不会去仔细地品味文章，产生审美的体验。当然，有些地方实行的是例外的模式，比如杜郎口中学的"基于预习课基础上的模式"，把课堂还给学生，但是个人认为有些矫枉过正了，教学要因地制宜、因人而行，而不应该千篇一律，因为作为万世师表的孔老夫子也提倡"因材施教"，而没有提出一个放之四海而皆准的统一的规律。正像老师在每节课后应该有教学反思一样，每节课我们也应该给学生留下一定的时间让学生自己去思索、体验与反思。

在美育教学过程中，应该始终伴随情感，像"润物细无声"的春雨，让学生在间接地学习体验中，展开联想，体验、感受文章中的美。教师还可以通过对作品的"空白点"创造审美想象，这样有利于学生独立思考，重构图像，展开丰富想象，在创造审美图像的过程中，学生也会真正地融入其中。

三、疏浚语文课堂教学中实施美育渗透的通道

既然要谈课堂教学中的美育实施过程，我们先要对课堂教学的过程熟悉，如何做到在课堂教学的各个环节实施美育，才能真正让美育渗透到语文教学中呢？

1. 通道一：课堂导入

课堂导入有很多种名称，有叫作开场白的，有叫作入题的，等等，它是课堂教学的第一个环节，虽然在整个教学过程中它所占的比例并不是太大，但是它的作用却很大，甚至可以影响到一节课的成败。正如写作有"凤头、猪肚、豹尾"之说，一个好的课堂导入也应如"凤头"一样引人入胜，达到"未成曲调先有情"的目的，因为好的开始是成功的一半。

本书所谈及的课堂导入不仅仅是一节课开始的几分钟工作，还包括教学设计所安排的学生课前准备的环节。课堂导入的形式是丰富多彩，形式多样的，教师应该根据不同文本的不同需求来采用不同的导入方式。假如老师自得于丰富的教学经验和对教材的理解，不管对谁，不管对哪一届学生在导入一篇文章的时候都大同小异，而不注重时代的发展和学生的变化，那么，学生即使觉得老师讲得不错，也会慢慢厌倦，这样就发挥不了导入的作用了。课堂导入的形式可以多样，但是内容应该与教育内容有着密切或者直接的联系，导入和教学内容是一个整体，是不可分割的。现实教学中有些老师在导入的时候为了吸引学生的注意力或激发学生兴趣，会讲一些题外话或笑话，只注重其有趣却忽视

了其导入内容的真正目的，这样就适得其反了。

课堂导入还有一个要求就是要言简意赅。因为课堂导入其作用虽大，但并不是课堂主体内容，如果一个课堂导入就要占十几分钟，甚至更多时间，就可能导致一节课教学的失败，所以，好的课堂导入不需要太多的内容，不需要鸿篇大论，不需要教师的过度表现，只需几句话，几张图片，一首歌曲，一些简单的、符合教学内容的材料的展现就有可以使一节课与众不同。在课堂导入环节实施美育的最简便、最直接的方法就是充分利用多媒体营造审美氛围。随着科技的发展，现在多媒体和网络尽管给学生带来了不少诱惑，但是也提供了很大的帮助，学生可以利用网络了解背景、收集相关资料，教师可以利用多媒体更好地营造审美意境。根据青少年的心理特点和审美感知的特点，图片、音乐、视频的运用可以更好地刺激学生的审美感知，很多学生觉得课堂枯燥，课程无味的一个原因就是陈旧的教材、老套的内容与老师枯燥的讲解，学生始终觉得课本枯燥，不够生动，不够立体，不够形象。现在运用多媒体可以把相关的内容生动、形象、立体、鲜明地呈现在学生面前，有助于学生融入审美意境，有助于学生感知美。

多媒体的运用有时会起到事半功倍的作用。多媒体合理地运用可以刺激学生的知觉，展现学生在课本上不能发现的、生动的形象或画面，激发其审美感知，使其产生学习动力和审美联想。例如，在讲授海明威的《老人与海》时，可以在网上收集海明威的照片，让学生看海明威写作的照片，就可以让学生更好地了解作者，了解作者创造的"硬汉"形象。学生了解了作者再去了解作品，这样会更容易融入课文。在讲授曹雪芹的《林黛玉进贾府》时，可以用电视剧《红楼梦》的片段引入，甚至可以作为教学环节让学生来观看，并借此减少直接阅读原文时因年代、背景差异所形成的隔阂。在观看视频时，从行走到说话都可以逐步分析，更好地了解林黛玉"步步留心，时时在意"的心情，更好地融入原文所营造的氛围中。

多媒体和网络应用到课堂导入之中可以打破时间和空间的限制，使枯燥、呆板的课文变得形象、立体，使学生更容易发现美、感知美，只有学生发现了美，具有了审美的眼睛，审美教育才能继续下去。

2. 通道二：课堂的过渡

课堂的过渡环节其实是指教学内容之间承上启下的环节，有可能是几句话，有可能是板书，有可能是提问。有人这样定义过渡："教师通过练习而形成的，在语文课堂教学的讲授过程中，在不同问题或不同教学内容之间采用承上启下的教学活动方式。"课堂的过渡其实就是衔接，有个别老师在课堂教学的时候，导入不错，能够吸引学生，对文本的解读也有新意，但是有时学生并不接受。原因就是老师在讲课的时候，知识和知识之间没有分开，而是缠在一起，这样课堂气氛会比较沉闷，学生会觉得在单位时间内信息量太大或任务特别重，导致囫囵吞枣，听起来吃力，这样的课堂教学效果怎么会好呢？由此可见过渡环节的重要性了。

在这里谈及课堂教学中的过渡是因为其引导性和定向性。课堂的过渡环节其实可以说是引导环节，教师不能将教学内容不分主次、先后、选择地灌输给学生，而是通过过渡环节使整个课堂条理清楚、主次分明。教师在现代课堂的地位是起主导作用，所以教师应该按照自己的教学目标，通过教学环节去启发学生审美思维，调动学生审美情感，引导学生从一个环节走向另一个环节，让学生真正地成为课堂的主体、学习的主体，自发地、自愿地在课堂中去探索、去研究，使学生能按照教师所预设的教学目标和审美目标前进。

过渡的定向性是指每位教师在授课前的教学设计中都有自己的教学目标，虽然学生在课堂教学中会出现不同的情况，教师也鼓励学生自主探索，但是学生自主探索不能和教学内容毫无联系。所以教师在教学设计中应该有自己预设的范围，虽然课堂是变化的，只要教师始终能够或明或暗地把教学程序一步一步地定向引导在预设的范围之内，这样就不会使教学目标偏离，也不会跑题。过渡的引导性和定向性对于美育的实施也有着重要的作用，良好的过渡可以创设良好的课堂氛围，在沉闷的课堂和枯燥的知识板块之间，加入灵活多变，丰富多彩的过渡就可以创设出一个生动、和谐的课堂氛围。一个生动、和谐的课堂氛围符合学生思维活跃，求知欲旺盛的学习特点。

良好的过渡能够激发学生的学习兴趣，集中学生的注意力。"循循善诱"用在过渡这里是最好不过的了，教师用灵活多变，丰富多彩的过渡环节把学生的注意力从一个板块引导到另一个板块。把学生的兴趣，从一个预设目标引导到另一个预设目标。课堂教学的过渡环节可以巧妙地设置悬念，更好地吸引学生注意力，提升教学情趣。按照中学生的身心发展特点来看，很少有学生能够一节课45分钟都集中注意力来听课，所以学生注意力持续时间普遍不长，情绪普遍不稳定，情感较难自控，一旦觉得教学内容枯燥、乏味或信息量太大，学生的注意力就容易分散，从而导致学习效率不高。所以在课堂教学过程中巧用过渡、设置悬念，营造一个具有吸引力的课堂、调动学生的主动性和积极性是实施美育的一个重要因素。

3. 通道三：课堂教学情境的创设

情境教学是语文课堂教学中常用的一种教学模式。情境教学是指"教师在现代教学理论地指导下，根据教学需要，通过创设与教材内容、课堂环境相符合的、具有一定情感色彩的、以形象为主体的、生动具体的场景开展教学活动"。情境教学可以营造符合文本的情境氛围，使受教育者有一种身临其境的感觉，获得一种更直观、更真实的体验，这样易于激发学生的学习兴趣，使学生从"要我学"的学习被动者转换为"我要学"的学习主动者。

创设教学情境有以下几种方法。

（1）通过教师的语言来描绘意境。尽管现在科技发展到一个很高的地步了，可以利用很多多媒体技术，甚至可以利用动画的形式把原本不存在的场景给描绘出来，但是良好的口才仍然是一位教师的基本功。现在的多媒体教学中存在这样一种情境，老师坐在多媒体展示台后面，放着非常精美的多媒体课件，嘴里也进行着讲解，学生看着精美的课件十分兴奋，或记录、或思考、或讨论，总之，融入这堂课了。但是这样的课堂并不完美，因为在这个课堂里老师忙着展示多媒体课件和串讲，学生忙着看新鲜或讨论。这就会形成了老师讲老师的，学生看学生的，师生之间缺少融洽的交流，缺少真正的沟通，造成了师生之间的交流脱节，这样的课堂效果是不好的。教师根据教学内容和教学目标的需要，运用带有自己情感的语言或描述渲染情境、渲染氛围，使文本中的人物重现、事件重演，点拨诱导，使学生进入自己所渲染的氛围中去，使学生能够身临其境。教师的语言可以不受各种条件的限制，学校条件好也行，条件不好也行，教师可以根据课堂教学的需求，凭借自己的语言给予学生一个想象的空间，不过这对教师的言语要求比较高。一位好老师应该是一个讲故事的高手，应该能够很快地把大家吸引住，把大家迷住。特级教师程翔老师讲过一个公开课，讲的是李白的《将进酒》，程翔老师并没有运用多媒体，也没有设计华丽的板书，凭借自己的很高的朗诵能力和创设情境的能力，把学生带入李白的世界，课堂呈现的效果很好。

（2）可以利用多媒体的方式来渲染情境，比如说音乐、图片、视频等。音乐可以给人带来美的享受、美的感染、美的震撼。选用恰当的音乐，在课堂教学中可以营造出良好的氛围，唤起学生情感的共鸣，让学生享受到美，在美的意境中去学习。《诗经》中的诗歌是可以配乐演唱的，唐诗、宋词亦是如此，本人在讲授白居易的《琵琶行》时，曾引用琵琶曲作为导入。还有很多音乐和教学息息相关，有助于学生理解古文、记忆古文。从王菲的《但愿人长久》里学会了苏轼的《水调歌头》，从邓丽君的《几多愁》里学会了李煜的《虞美人》，从费玉清的《在水一方》中了解了《蒹葭》。现在的流行歌手周杰伦很受学生们欢迎，老师可以利用其作品里一些带有中国风的歌曲，如《兰亭序》《青花瓷》《菊花台》等对学生进行中国传统文化的教育。

（3）可以利用角色扮演的方法来创设教学情境。在语文课堂教学中创设教学情境，首先要了解学生的生理、心理和审美特点，以多种方式减少教材与学生之间的隔阂，缩短教材与学生之间的距离，因为曾经就有学生这么问我"老师，我们学这些和我们隔了几百年，甚至上千年的作品，这几个作者和我们也没有什么联系，这样有什么用？"教材中的文章虽然经过修改，但是有些内容仍然和学生有着较大的时间距离和空间距离。再加上有些教师枯燥的讲解，硬性的灌输，更是让学生觉得这些文章离自己很遥远，觉得和文章有着一种陌生感，自然很少有学习的兴趣。教师借助语言、音乐、角色版样等方法创设教学情境，创造出具有感染力的教学形象，重新演绎相关教学内容，使教学内容贴近学生感知，把学生导入情境后，通过各种方式使情境作用于学生的认知过程。在教师的言语引导、音乐映衬、角色扮演等方法下活跃学生的审美想象，让学生融入教学情境，获得真实的情感体验，获得审美的需求，启迪个性发展。学生从课堂教学中获得求知满足会唤起其审美的情感，这种伴随着审美感知的认知过程，远比缺乏情感体验的认知活动更丰富、更深刻。

课堂情境教学：①创设教学情境，营造一个良好的教学氛围，减少学生与教材、老师之间的差距与隔阂。②教师运用言语渲染，音乐配合，角色扮演等多种方式带学生进入教学情境。③充分运用情境进行审美教育，凭借融合审美教育的情景教学，促进学生的整体发展。在前面的步骤中，每一步都包含语文知识能力的教学、技能和能力的培养以及智力的开发，而审美教育是贯穿其中的主线。融合审美教育的情景教学借助丰富多彩的形象培养学生的学习兴趣，诱导其主动参与，注重学生的审美感受，陶冶了学生的情感，满足了学生的审美需求，给予学生一个丰富的精神世界。

4. 通道四：反馈与交流环节

传统观点认为："教师的职责就是传道、授业、解惑。"这种观点使教学变成单方面的传输过程，恰当的教学反馈可以提高课堂效率，尤其是对美育的实施也有很重要的意义。课堂教学的反馈是指："在教学中师生通过一定的努力可以获得一定的学习结果，而学习结果又返回到教师的意识中，成为调节教学过程的新信息。"课堂教学的过程是一个有目的、系统性的活动，通过师生之间的交流来传递信息，失去其中任意一方都不会成功。课堂教学的反馈环节实际上就是课堂教学的双方互动的一个过程，这和实施美育的交流性原则是一致的。教师通过观察、提问、讨论、训练等方式了解学生的真实情况和预设目标之间的差距，并且找出原因，做出调整，以制定下一阶段的课堂策略。学生则可以根据反馈环节的自身反思了解自己的水平，并调节自己下一阶段的学习方法和策略。填鸭式、满堂灌的传统的教学方式是信息的单方面传输，教师忽视了学生的状态，学生也不了解老师的心情。美育其实是一种情感的教育、人格的塑造，而情感的教育必然要有情感的交流，人格的塑造必然要有人格的感染。所以，对于美育的实施来说，课堂教学的反馈环节是必不可少的环节。

教育心理学表明，教学活动必须促进学习者的自身体验，激发其对学习的兴趣，只有这样教学活动才能取得理想的效果。这就要求在课堂教学的过程中，教师要倾注自己真正的感情，而不是一直在说"懂了吧？""千万不要忘记""一定要记住""还有什么要问的？"这些话表面上是很关心学生的，其实学生对这些话是比较反感的，因为学生不大喜欢这种"教唆式"的教育，他们认为老师就是权威，是不容置疑的，老师的形象是可敬可畏的，而不是亲近的。这样的师生关系是生疏的、遥远的。这种课堂经常是比较沉闷的，很多学生一声不吭，只有部分学生参与教学环节，这样的教学效果是不会好的。

　　在课堂教学过程中，教师根据教学设计，按照预定的教学步骤进行教学的过程中，要充分注意学生的反馈信息。如学生在听课过程中积极参与，露出会心的微笑，教师就会受到激励，讲得越来越有劲，反之学生对于老师的教学无动于衷，甚至昏昏欲睡，教师也会没有了积极性。对于学生的参与，教师应给予期待的目光、赞许的笑容、鼓励的评价，学生在老师的反馈下了解自己的不足，及时进行弥补，会获得满足感，学生发言参与的欲望会越来越强烈，学习的兴趣会越来越浓郁。作为情感教育的美育，不正需要学生这样的参与吗？

很多学生认为数学是枯燥的，单调的，这一现象在中小学学生中尤其明显。

实际上，数学是具有美感的。

数学美带给人们的不仅是一种美的享受，它对人们理性思维的形成，思辨能力的培养，智慧的启迪，潜在的能动性与创造力的开发都有着不可替代的作用。

在《普通高中数学课程标准（实验稿）》的"基本理念"与"课程目标"中，特别提到了数学的美学价值。

高中数学课程的具体目标之一是使学生认识数学的科学价值、应用价值和文化价值，崇尚数学的理性精神，体会数学的美学意义。

因此，在数学课程中进行美育教学是现实的，是有必要的，也是有价值的。

第六章 美育的渗透：数学学科

第一节 充分探讨数学教学中的美育价值

一、数学美育现状存在问题

新数学课程理念下的数学教学既要重视数学知识的传授，又要关注对数学内容的美学属性的揭示，使学生在了解和感受数学美的同时，培养对数学的良好情感，提高对数学的主观性能力及创造性思维能力。

目前中学数学教师的教学现状，造成中学生数学学习状况不佳的主要原因是学生对数学缺乏兴趣。在教学中，大部分老师仍以学科知识的掌握为主要目标，而数学教育所具有的多样化的育人功能和美育价值未能得到全面展现，其主要表现在以下几个方面。

1. 数学学习与社会实践隔离

中学数学教育的现状表明，数学学习普遍注重"纯粹"技能与技巧的训练和题型教学，学生学习数学就是念课本、做习题，而习题则为"纯粹"的计算或证明题，一般不与实际生活联系，学生也普遍认为："数学就是背公式解题，学数学就是通过解题求得一个结果"。许多学生对数学学习敷衍了事，并未真正了解数学的本质，更谈不上自觉培养多方面的数学能力。事实上，数学发展到现在，其与社会的联系越来越紧密，在各个专业都有着巨大的作用。教师在教学中应因势利导，使学生认识到数学的应用价值，树立应用意识，提高解决数学问题的能力，并通过这一应用过程学会用数学的眼光看社会，形成正确的数学态度。

2. 数学观的影响

中学生的数学学习一般只停留在会解题这一层次，对问题的解决及实践应用都缺乏锻炼。事实上，数学教育要求学生达到的能力不仅仅是运算能力、逻辑思维能力、空间想象力。随着时代的发展，现代社会要求公民具有的数学素养使数学能力有了更丰富的内涵，包括实验观察、信息获取、数据处理、模式抽象、合情推理、预测猜想、逻辑证明、探究创造等现代数学能力。要想适应瞬息万变的信息时代，就应当将创新精神和实践能力作为数学教育的终极目标。

3. 过程死板，缺少美好情感

教师在教学中由于内容多，课时少，为了赶任务，只注重知识的讲解，无暇顾及其背后蕴涵着的丰富的情感内容以及数学概念中隐藏的美学意义，以至于学生只学了一些枯燥的公式和计算方法，许多学生在数学学习上失去了自信心。"如何使学生在数学课堂上获得自信心和更多的成功感？"是各国数学在体现数学教育功能上极为关注的方面。适应时代的发展，数学学习理应为人的发展注入更为丰富的育人品性，使学生在情感、意志与价值观上得到健康发展，通过数学思想方法、数学史料、数学文化、数学审美等层面赋予数学课程对人的品性及人格养成方面教育的功能。

4. 教学方式方法单一，阻碍了学生体验数学学习的价值

中学数学教学现在仍普遍沿用讲授法，学生的学习方式仍为被动接受知识。一方面，教师在课堂上很少让学生通过自己的活动与实践来获取知识并得出结论，学生只会一味地模仿老师给出的标准答案，扼杀了学生探究问题的个性化发展。另一方面，由于教师观念落后或不具备教学实验条件，因此，借助信息技术手段进行数学实验和多样化的探究或学习来拓展学习空间，仍是一个相当薄弱的方面。所以教师应努力提高个人素养，掌握现代教育技术、教育理论，培养学生主动获取知识与学会学习的能力，通过在教学中运用自主探索、动手操作、质疑批判、求异创新等教学方式，培养学生通过形式多样的活动去掌握有效的学习方法，体验数学学习的价值。

因此，中学数学教学应以培养学生的兴趣为突破口，利用数学美的知识激发学生的学习兴趣。教师应打破常规教学，以数学美为纽带，将数学知识、数学能力和数学素质联系起来，使学生在知识、能力与素质的三维空间中驰骋，既培育非智力因素，又培育智力因素，从而在总体上提高学生的数学学习水平。学生的数学学习与教师的教学方式、教学水平密切相关。教师要将数学讲得生动，将抽象的数学理论以美的语言形式展现在学生的面前，渗透到学生的心灵之中，使学生感受到数学的魅力所在，就要求教师具有一定的美学基本知识，认识数学美的特点，能够敏锐地感知并理解教学内容中的美学因素。只有具备基本的美学知识，才能把与数学内容有联系的美的因素引入课堂教学中，这样学生才能感知和理解数学美，从而产生学习数学的兴趣，并达到以美促智的目的。

二、数学美育的价值

新数学观有一个重要方面，就是数学是一种文化，它具有丰富的人文价值和美学价值。新数学教学的要求之一是数学教学要和数学的审美结合起来，使数学教学过程既是学生学习数学知识的过程，又是对数学美的鉴赏过程。因此，为了更好地贯彻新数学课程中的有关数学美育的基本理念，研究数学美和数学的审美教学就有一定的现实意义。事实上，在越来越趋向于"数学化"的时代，会学数学和会用数学是每个公民必备的素质之一。为了使全社会更关心数学，热爱数学，形成良好的学习数学与研究数学的风气，要进行数学美的教育，从而使更多的人认识数学美和理解数学美。

数学美学是美学的重要组成部分，也是各类美学（如技术美学、建筑美学、劳动美学、艺术美学、心理美学等）的基础。目前，随着素质教育的推进，数学美学越来越受到人们的重视。我国数学家徐利说："数学教育与教学的目的之一，应当让学生获得对数学美的审美的能力，从而既有利于激发他们对数学学科的爱好，也有助于增长他们创造发明的能力。"我国现代美育理论的奠基者蔡元培先生说："凡是学校的课程，都没有与美育无关的。"数学课程也不例外。数学是研究客观世界空间形式和数量关系的学科，在现代科学中，数学和数学方法渗透到了各个领域，"哪里有数学，哪里就有美学"。因此，数学教学不仅要传授知识，还要以美的观念、美的规律、美的内容、美的形式和美的力量去感染学生。教师在教学中要依据教材挖掘数学美的资源，引导学生在数学世界中受到美的熏陶，发现美的情趣。

马克思曾说："人类是要按美的规律改造世界的"。著名数学家阿达玛也说："相对于文学鉴赏力和艺术鉴赏力，还存在着科学鉴赏力问题。有了这种鉴赏力，才能使自己的思想不局限于已有的知识与经验中，而是去发现具有发展前途的研究方向，能够预测研究工作的前景"。这种鉴赏力既是辨别和选择的能力，又是一种形象思维和直觉思维的能力，也可以说是一种审美能力。这种能力往往比逻辑思维能力更快、更直接，跳跃式地、整体地达到事物本质的理性认识。因而，数学美的规律是一种数学猜想和数学发明的重要工具。数学家们孜孜不倦地发现或发明新的数学理论知识，其外在动力无疑是数学的客观需要，而其内在动力就是抽象思维的辩证运动，具体说就是对数学美的执着追求。难怪法国数学家庞卡莱说："能够在数学中有发明的人，是具有能感受数学中的秩序、和谐、对比、整齐和神秘美等能力的人，而且只限于这种人。"不难看出，数学美的研究对数学科学研究有着不可估量的意义。

传统的教育观念把学生视为容纳知识的仓库，教师的责任就是传授知识。随着科学技术的迅速发展和教育改革的不断深化，学校所培养的不只是知识型的人才，还是具有综合素质的创新型人才。在数学教学中，教师应当自觉地注重数学思维和方法的培养，使学生形成完整的学习数学能力，其中包括让学生获得对数学美的鉴赏能力。对学生进行数学审美能力的培育，既有利于激发他们对数学的爱好、兴趣和探求，也有利于激发他们的创造发明能力。如同一位缺乏音乐鉴赏力的人听不懂贝多芬的交响乐一样，一个没有数学鉴赏力的人既不能理解数学的内在美，也不能理解科技领域里回荡着的数学旋律。因此，感受数学美，欣赏数学美，运用数学美，需要一个从不懂到懂，从知之甚少到知之较多的发展过程。在这个过程中，教师应起主导作用。正如席勒所说："从美的事物中找到美，就是审美的教育任务。"从数学科学中学到数学美是数学教学的目的之一。只有当学生对数学理论理解得越深，数学专业的修养越高时，越能体会到何为数学美，也只有这样，学生才会越喜爱数学，从而越钻越深，并乐此不疲，进而使数学教学达到事半功倍的效果。

数学美在中学数学教育中的应用是很必要的。实验验证数学美确实对中学生的数学学习起到了推动作用，在教学中将数学趣题、数学游戏与其他学科的微妙关系展示给学生，不仅激发了学生的学习兴趣，使学生更好地感知和理解数学美，而且使学生在愉悦的数学审美活动中陶冶了性情，全面提升了学生的数学素养，能充分发挥学生在数学方面的创造潜能。

数学美的教育有利于师生间的情感交流。数学美在数学教学中的应用实现了"寓教于乐"的最佳教育方式。数学知识给人的感觉是枯燥乏味的，如果没有教师的深入剖析，很少有人能领略到数学的美感。控制班的教学采用传统教学模式，许多学生对数学失去了兴趣，对老师更是拒之千里，师生之间情感淡漠；而实验班由于教师上课内容生动、形象，以美的形式展现数学知识，学生愿意听课，能够主动与老师交流，师生之间关系融洽，良好的师生关系也激发了学生学习的积极性和主动性，这也是实验班数学成绩显著提高的主要原因。

数学美的运用对数学教师提出了更高的要求。数学美往往隐藏于数学知识中，如果没有一定的数学素养，教师很难发现其中的奥妙。在教学中努力挖掘数学美的存在方式，善于对教材进行"美化处理"，动用启发性、趣味性、多变性，使学生乐于接受与思考；同时还要求教师善于运用精辟的科学语言来描述，以美的语言启迪学生的思维，以美的意境开拓学生的创造性，以美的形象陶冶学生的情操。结合恰当而生动的举例、整洁的板书，使用精美的教具、模型，绘画出准确的图形，用漂亮的论证及解法来解决数学问题。这些都要求教师不断提高审美修养，随时注意以美的情感引导学生去发现、鉴赏数学中的美，使学生觉得学习数学不再是负担，而是一种享受。

第二节　充分发掘数学教学中的美育因素

让学生感受、欣赏数学美是数学新课程改革的出发点之一。数学是有趣的、美丽的并令人兴奋的，但如此美丽的、重要的一门学科，却很少有学生发自内心地喜欢它，更谈不上去领略数学的美。这是因为现代数学是一门较为成熟的、被公式化的学科，它的内容的抽象性和逻辑的严谨性往往替代了数学的创造过程，导致数学教材的演绎特征掩盖了数学的美丽色彩，以至失去了数学教育的美育功能。同时，由于应试教育的影响，追求升学率仍然是当前基础教育的一个主流，老师们只能为了考试而开展教学，根本无暇在教学中向学生展示数学的美，学生也无暇感受和欣赏数学美。对他们来说，数学美似乎不存在，也因此失去了对数学的兴趣。为了激发起学生的学习兴趣，从教材和教学活动中获取美的感受也是十分重要的。强烈的心理活动所带来的美和愉悦的享受是学习的最好补偿，而这种补偿又反过来激励学生，学生如能从学习数学的过程中产生美感，也就能获得对数学的兴趣。

一、数学的简洁美

数学的简洁美是数学事实与其简化形式的统一，是人类思维经济化在数学上的反映。相对于烦琐、冗长、混乱的背景来说，简洁给人以简捷、明快、准确、精炼的美感。数学的简洁美是指表达的形式和数学理论体系的结构简单，而不是指数学内容本身的简单。数学理论的过人之处就在于它能用最简单的方式揭示现实世界中的量及其关系的规律。

关于简洁美，庞加莱曾提出："数学创造实际上并不存在于用已知的数学实体做出新的组合。任何一个人都会做这种组合，而这样做出的组合在数目上是无限的，它们中的大多数完全没有用处。创造性恰恰在于不做无用的组合，而做有用的、为数极少的组合。发明就是识别、选择。"他认为正是审美感在科学家的这种识别、选择中发挥了核心作用，庞加莱写道："数学的美感、数和形的协调感、几何的雅致感，这是一切科学家都知道的审美感……正是这种特殊的审美感，起着微妙的筛选作用。"

在定义一个数学概念时，我们不仅要考虑到概念内涵的包容程度，同时也要考虑到概念用词的简约程度。对于其中不必要的修饰或多余的条件，在不影响概念本质的前提下，应该毫不留情地舍弃掉。可以说数学中的每个概念都是经过人们精心"雕琢"得到的，是人类智慧的结晶，数学就是以它的这种独特的"简"来展示美的。

数学概念往往要用定义的方法揭示。数学定义本身就要求"用简洁的语句揭露对象特有属性的逻辑方法"。"对边平行的四边形叫作平行四边形"是平行四边形的定义，这句话表达了两重含义：

（1）平行四边形是四边形，而且是平面图形。

（2）平行四边形的"对边"是平行的，而"对边"一共有两组，"对边平行"是指两组"对边"分别是平行的。

定义仅用了八个字就将最近的属与属差都表述得清清楚楚，体现了简洁美。在数学符号上，简洁美达到了令人惊叹的地步。四则运算符号中，"+"是基本运算，"－"是"+"的逆运算，"×"是连续地"+"的简洁化，"÷"是"×"的逆运算。同样乘方更是乘法的简洁化表示。数学中分数的既约性、代数中合并同类项等都是对简洁美的追求。

数学中的证明也不例外，如"数学王子"高斯就曾对代数基本定理提出过不下十种证明技巧和方法，许多方法的提出都只是为了进一步简化证明其本身，其中最为简洁的证明只用到了几行字。这种行为的实质就是对数学简洁美的一种执着的追求。在生活中，我们最常见的钱币就只有1，2，5（分，角，元）这三个面值，为什么呢？因为只要有了这三个面值，就可以简单支付任何数目的款项，这里就蕴藏了数学的简洁美。

二、数学的对称美

对称产生的美感令人心旷神怡，对称性是数学美的又一表现形式。1952年，德国数学家韦尔撰写的《对称》一书中指出："对称性，不管你是按广义还是按狭义定义，多少时代以来，其含义总有一种人们试图用以领悟和创造秩序美和完善性的观念。"因为，"对称性和美紧密相连"。数学中的对称性，既是一种思想，又是一种方法，往往会产生一种神奇的魅力，使人们对美的感受，对数学的认识跃上一个更高的理性层次，既可意会，又可言传。众所周知，对称性有关于点的，叫作点对称；有关于直线的，叫作轴对称；有关于平面的，叫作面对称。当然，如果仅仅认为对称之美只表现在几何形态上，难免给人以肤浅之嫌。事实上，具有对称性的对象常常具有更多、更美的性质，从而更加吸引数学爱好者。

例如，对于等腰三角形存在其顶角的平分线、底边上的垂线和中线的"三线合一"定理；圆所具有的最优秀"对称"现象；加法与减法，乘法与除法，乘方与开方，指数与对数，微分与积分，矩阵与逆矩阵，等等，这些互逆的运算可以看成是"对称"关系。进而，函数与反函数，变换与逆变换，映射与逆映射等也可以归结为"对称"范畴。一般来说，数学命题中的原命题与逆命题、否命题与逆否命题之间，也存在着"对称"关系，这些都说明数学中对称美的内涵和特殊的意义。此外，数学中所谓的对偶空间，对偶命题，互反定理等，何尝不具有一定意义下的对称性质，且包含极其美妙的内容。

在达·芬奇的杰作《最后的晚餐》中，耶稣与十二个门徒共进晚餐，达·芬奇的构图使他们全都面向观众、一字排开，耶稣坐在正中间，他的头部正好受到中间亮光的衬托，精心构思的光线效果成为整个画面的中心，耶稣的十二个门徒每三人一组"对称"地分布在耶稣的两侧。基督本人被画成一个等边三角形，这样描绘的目的在于表达基督的情感和思考，并且身体处于一种平衡状态。画面把人物的情感、形态和心理准确地融为一体，不仅表现了每个门徒神态的差异，而且集中表现了耶稣身上的美和善，与叛徒身上的丑和恶之间的冲突与对比。

三、数学的和谐美

音乐中要讲究谐韵和声，装饰上要考虑到尺寸色彩，就连菜肴也得照顾到颜色造型……这些都表明了人类时时处处都在追求和谐美。在数学中，各种意义下的和谐美比比皆是，如勾股定理（国外又称毕达哥拉斯定理）是欧氏几何中一个重要定理，这个定理用代数式可简单地表示为 $a^2+b^2=c^2$（c 为直角三角形的斜边），表现了直角三角形三边之间的一种和谐；平面解析几何中的椭圆、双曲线、抛物线、圆，它们的形状不同，性质不同，数学内涵不同，但都可用二元二次方程来表达，即表现了它们处于一种和谐统一体中。

中国古代砖的长宽、窗面长宽比例都说明人类早已发现矩形的长宽并以满足黄金分割之比为和谐美。和谐美是数学表现形式所追求的一条最重要的美学原则。大自然对美的追求中总是自觉和不自觉地遵循着"黄金分割比"这个和谐美妙的比例，天文学家开普勒称它为"神圣分割"。美学家蔡辛在《美学研究》一书中把黄金分割导入美学，认为事物具有这种关系是最美的，并且作为美的形式法则确定下来。在绘画人体的比例、绘画材料长与宽的比例，甚至身体内各个细小的部分，都利用了"黄金分割"这一审美的数学要求。例如，达·芬奇的绘画杰作《蒙娜丽莎》所表现出的"永恒的微笑"是他对人体结构比例研究的一个结晶。蒙娜丽莎的右手被誉为绘画史上最美的一只手，绘画中所运用的精确比例使这只手更有立体感，更有重量，更富有生命力，使其与现代精巧的摄影相比也毫不逊色。雕塑家和建筑师也经常利用这一比例关系。希腊人就是按照黄金分割的比例建造了庄严肃穆的帕提侬神庙，古埃及的金字塔也符合这个比例，艺术明信片、信封、邮票、书本正是这样的长方形；人类生存的最佳气温是 23℃，它是人体正常体温（37℃）的 0.618 倍。古希腊毕达哥拉斯学派认为宇宙与数学之所以美，是因为它们之间是和谐的。难以想象的是看来严格到近乎刻板的数学表达式，竟然会与优美的几何图形相映成趣，把大自然交织成一幅幅绚丽无比的图画。例如，抛掷一物体，它运行轨迹竟可以用数学式子 $y=ax^2+bx+c$ 表示出来，报幕员在舞台上的最佳位置，不是最中间，而是舞台宽的 0.618 处；二胡要获得最佳音色，其"千斤"则须放在琴弦长度的 0.618 处，即所谓的黄金分割点，选舞蹈演员要求上下肢比例为数学中最完美的形体比例，最匀称、最美的体态是人的肚脐，是人体总长的黄金分割点。

最有趣的是，在消费领域中也可妙用这个"黄金数"获得"物美价廉"的效果。据专家介绍，在同一商品有多个品种、多种价格情况下，将高档价格减去低档价格再乘以 0.618，即为挑选商品的首选价格。

可见，黄金分割的美，无处不在，它充分体现了生活中的数学美。

四、数学的奇异美

冲破传统观念和已有经验的局限，从新奇的前提出发得出新颖的数学结果，在数学的形式美上称之为奇异美。奇异性是指研究的对象不能用任何现成的理论解释的特殊性质，奇异是一种美。培根曾指出："没有一样极美的东西不是在调和中存在着某种奇异。"数学中的奇异美颇有一些"意料之中，情理之外"的意味。

七巧板是我国传统的智力拼图游戏，它是用七块可以拼成正方形的板（1个正方形、1个平行四边形、5个等腰直角三角形）以各种不同的巧妙方法拼凑出千变万化的形象图案，如人形、鸟兽、花草、房屋等。这个七巧板就包含了许多奇妙的数学问题，至今还未被完全揭晓。在初等几何中，对于任意形状的三角形，无论其中的高线是在三角形内还是在三角形外，三条高线都会交于一点，为什么会出现这种现象？这正是由数学的奇异美所引起的疑问。又如相交的两个互相垂直的圆柱，当它们被展成平面后，就会发现它们的交线居然是一条正弦曲线，立体图形与三角函数找到了如此完美的结合点。

奇异美蕴含着奥妙与魅力，奇异中也隐藏着道理与规律，这就是一种美。还有一些"歪打正着等式"，比如，$2^5 \cdot 9^2 = 2592$，在给人惊喜之余，不也展现一种奇异美吗？人造卫星、行星、彗星等由于运动速度的不同，它们的轨道可能是椭圆、双曲线或抛物线。再比如，椭圆与正弦曲线会有什么联系吗？做一个实验，把厚纸卷几次，做成一个圆筒，斜割这一圆筒成两部分，如果不拆开圆筒，那么截面将是椭圆；如果拆开圆筒，切口形成的是正弦曲线，这其中的玄妙不是很奇异、很美吗？就是数学的这种奇异美使神秘、严肃、程式化的数学世界生机勃勃。虽然这些"貌不惊人"的数学现象并未被我们亲自发现，然而它们确实带给我们一种神奇的美感，也迎合了人们求新、求奇、求异的心理意向，让我们不得不慨叹数学科学的巨大魅力。

五、数学的统一美

统一与和谐是数学美的又一重要特征。数学巨匠希尔伯特指出："数学是一个有机整体，它生命力的一个必要条件是指各部分不可分离的结合……数学的有机统一，是这门科学固有的特点，因为它是一切精确自然科学知识的基础。"

数学的统一性，一般是指部分与部分、部分与整体之间的和谐、平衡和一致。正如庞加莱在谈到数学的雅致感时指出："雅致感是各部分的和谐，是它们的对称、它们的巧妙平衡，一句话，雅致感是所有引入秩序的东西，是所有给出统一、容许我们清楚地观察和理解整体和细节的东西。"统一性是数学结构美的重要标志，通常表现为数学概念、规律、方法的统一，数学理论的统一，数学与其他科学的统一。"天得一以清，地得一以宁，万物得一以生。"宇宙的统一性表现为宇宙的统一美，因而能揭示宇宙统一的理论，即被认为是美的科学理论。统一也是数学内含的一个特征，人们一直在探索它们，并试图找到统一它们的方法。笛卡儿通过解析几何（即坐标方法）把几何学、代数学和逻辑学统一起来了；高斯用曲率的观点把欧几里得几何、罗巴契夫斯基几何和黎曼几何统一起来了；克莱因用变换群的观点（该理论认为不同的几何只不过是在相应的变换群下的一种不变量）统一了19世纪发展起来的各种几何学；拓扑学在分析学、代数学和几何学中的渗透，特别是在微分几何中的种种空间，产生了所谓拓扑空间的统一流形……统一是数学家们永远追求的目标之一。

大自然是统一和谐的整体，数学作为描述大自然的语言，必然也是统一和谐的。事实上，数学的统一性是对客观世界有机统一的描述和反映。从解析几何、微积分的诞生，到近代数学、现代数学的许多重大成果，无不体现数学理论的和谐统一。人们常说"天人合一"，从广义上说是追求人与自然的和谐统一，就人的方面来说，促成这种"合一"的基本动因则是人类的审美追求与自然界存在的美的融合。由此可见，数学寻求统一就是数学研究的目标和归宿，因为找到了统一也就揭示了本质。这就不难理解，数学家韦尔对他的导师希尔伯特的评论："对他来说，数学方法的统一性是一种信念和经验。"我们可以这样理解——统一性是数学发现与创造的美学方法之一。

第三节　充分发挥数学教学中的美育作用

数学美育是一种数学文化教育，是在数学的学习过程中，对精神世界层次上的素质教育。它可以在进行数学教育的同时教育学生树立美的理想，发展美的品格，培养美的情操，激发学习动力，促进智力开发，培养创新能力。数学科学虽然是以抽象思维为主，但也离不开形象思维和审美意识。从人类数学思维的系统发展来看，数学的形象思维和审美意识是最早出现的，即抽象思维是在形象思维、审美意识的基础上产生并发展起来的。

众所周知，第一个提出"什么是美"的问题的人并不是社会科学家，而是数学家。早在公元前6世纪，毕达哥拉斯学派（数学团体）就提出了"美就是和谐与比例"的观点，认为宇宙就是一种和谐，这种和谐是由数决定的。他们认为和谐起源于差异的对立，和谐是杂多的统一，不协调因素的协调。而"数学是描写宇宙语言的"。一位数学家如果没有形象思维和审美意识，没有对数学浓厚的兴趣和爱好，根本谈不上会有数学上的发明创造。同样，一名学生如果没有很好的形象思维和审美意识，没有对数学浓厚的兴趣和爱好，要想学好数学是不可能的，因此，我们要充分认识数学美育的作用。美，使人的精神得以陶冶，使人的心灵得以洗礼，使人的能力得以培育，使人的素质得以升华。

钱学森说："美，即与宇宙真理相和谐"。徐利治教授在《漫谈数学的学习和研究方法》一书中指出："数学教育与教学的目的之一应让学生获得对数学的审美能力，从而既有利于激发他们对数学科学的爱好，也有助于增长他们的创造发明能力。"数学思维的美学方法是数学理论中蕴含着的一种数学思想，往往只可意会、不可言传，它完全要靠数学的自身魅力去唤起。教师在数学思想方法中挖掘其背后隐藏着的美学思想、美学价值、美学功能，从而培育学生的审美思维方法和体会美感。对数学美的探讨可以启迪人们的思维、开阔人们的视野、激励人们的创造精神、培育人们的美学观念和方法。在过去很长的一段时间里，数学研究与数学教育中的"美学原则"被很多数学工作者所忽视。因此，它极大地制约着智能型、创新型人才的培育。事实上，对数学的教学和研究，人们自觉、不自觉地都在使用美学规律和美学方法。数学的发现、发展和创新是一代又一代数学家对数学美追求的结晶。因此，在数学教育中，教师们应当自觉地注重数学美所具有的独特作用。

一、数学美能提高学生学习数学的兴趣，激发他们学习数学、研究数学的积极性

学生只有在数学美学的方法中，才能体会到数学的魅力不仅在于形式的简洁、和谐与优美，更在于以严密的结构和逻辑推理，揭示了广袤的、自然规律的真实图景。数学美的这种强烈感染力，是激起学生主动学习数学的源泉。

青年学生中有许多足球迷，足球是美的，我们可以以此为突破口，研究足球上的数学问题。在学习多面体时，我们学习了多面体的欧拉定理："设多面体的面数、顶点数、棱数分别为f、v、e，则$f+v-e=2$。"我们可以利用欧拉定理引导学生观察足球，它可以看成由黑色的正五边形与包围正五边形的正六边形组成，因此足球就可以近似地看成一个多面体（以下简称"足球"）。这样一来，我们就可以提出一些问题，如足球表面上有多少个正五边形和正六边形，多少个面、顶点和棱？另外，足球和正十二面体有什么关系？实际上，设足球的正五边形数、正六边形数、面数、顶点数和棱数分别是x、y、f、v、e，则$x+y=f$，$5x=3y$，$3v=2e$，$v=5x$，再利用欧拉定理可以求出$x=12$，$y=20$，$f=32$，$v=60$，$e=90$。当学生通过研究发现足球可以由正十二面体截去12个相同的小正五棱锥构造得到时，自然品味到数学之自然美。这无疑会激发学生学习数学的积极性。

二、数学美可以启发学生的思维能力

数学教学的基本任务之一是，在传授数学知识和培养技能、技巧的过程中发展学生的思维能力。数学大师陈省身指出："一个好的数学家与一个蹩足的数学家，差别在于前者有很多具体的例子，而后者只有抽象的理论。"根据青少年"好想""好动"以及对社会热点事物感兴趣的特点，教师在教学中，可

以通过"一题多解（证）、一题多变""一法多用、一图多变"和"结合社会热点，理论联系实际"等方式表现出数学的自然美、奇异美等，鼓励学生多向思维，标新立异，找出最优方法。教师要善于把握教学机制，创设思维情境，用数学美的吸引力启迪学生思维。当学生对数学美感受最灵敏、最强烈、最深刻的时候，他们的思维也就进入最佳时期，逻辑推理与直觉思维交相促进，聪明才智得到充分发挥，一旦学生突破某种思维局限，并出现"解决问题的灵感"时，这无疑会给他们带来喜悦和成功后的乐趣。毫无疑问，在他们的脑海中会通过思维构建数学之美，其思维能力自然也得到培养和提高。

数和形是数学中最基本的两大概念，是数学研究的两个重要面，因此，"数形结合法"是数学研究的重要思想方法。教学时，教师可利用数形结合法来启发学生的直觉思维。如对于具有极限意义的问题："无穷等比数列各项的和。"学生很难理解其结果。我们可以这样做："让学生观察图形，先将单位正方形分成100个小正方形，将99个涂上阴影；再将剩下的一个分成100个小正方形，将99个涂上阴影，如此无限下去，所有涂上阴影的小正方形的面积的和便为1。"结果直接可从图中得出，这是数学美的和谐。从这里可以看出数形结合是直觉思维的桥梁之一。我利用这一桥梁，使学生从美学角度审视或整理自己掌握的知识，创造性地构建数学美，既能使他们的知识结构更完整、更充实，又能使学生创造美的能力得以提高，其中创造性思维能力也将显著提高。

三、数学美能够陶冶学生的思想情操，形成积极的情感态度

人类文明的创造离不开数学，有数学就有数学美育。数学美育是整个人类教育的一个重要组成部分，它可以丰富并美化人们的智力活动和学科美学思想，培养人们的审美情趣。数学中的审美教育同文学艺术的教育一样，具有潜在的思想教育功能。不过，数学美是美的高级形式，对缺乏数学素养的人，特别是青少年受阅历、知识和审美能力的局限，不可能像文学艺术那样容易感受和意识到，这就需要教师不断地提高自身的专业知识水平和美学修养，认真钻研教材，深入发掘和精心提炼教材中蕴含的美育因素，为学生创设一个和谐、优美、愉快的学习环境和氛围，引导学生按照规律去发现美、感受美、鉴赏美和创造美。进行审美教育，提高审美能力，培养审美意识，它的核心是通过情

感教育，让学生在美的熏陶中启迪心灵，以自己的知、情、意去追求客观世界的真、善、美，引起精神上的升华，产生情感共鸣，起到美化心灵、净化感情、陶冶情操的效果。它对培养学生良好的个性品质和形成正确的人生观、完美的世界观也能起积极的作用。

例如，一些教师曾经探索过一些开放式教学模式，为了和学生一起研究一些特殊的对称关系，教师让学生准备了两面矩形的镜子，将两面镜子摆放形成一个60°的两面角，然后在两面镜子中间放一个物体，研究物体所成的镜像，最后得到一个具有高度对称的图案，该图案可以在三条两两夹角为60°的任何一条直线上反射，我们称该图案具有三重旋转对称或三轴反射对称。教师给学生介绍了此原理就是万花筒的基础，当学生知道这个"秘密"时都有了浓厚兴趣，并继续探索下去。又如，向学生介绍数学在最新科学技术中的广泛应用，既激发了他们努力学好数学的信心和决心，也美化了学生的心灵。

四、数学美能够加深对知识的理解，使学生形成高尚的数学价值观和审美观

数学美育能帮助学生树立科学的数学审美观。数学审美观是指审美主体对数学美总的看法和认识，它是人们在审美欣赏和创造活动中的一种特殊的心理现象。自从毕达哥拉斯提出"整个世界就是一个数，就是数的和谐"的命题以后，人们就在不断地追求数学美，它已成为科学上的一种追求理想。数学美最早表现为数字美，后为研究几何图形美，又从几何图形美发展到演绎美与逻辑美。17世纪以后，由于数学方程在科学研究上的广泛应用，数学美成为科学美的皇后。随着数学的广泛应用和向其他各门学科的深入渗透，数学美也越来越多地被其他科学家们所崇拜。他们追求数学美，欣赏数学美，便提出了科学的数学审美观。科学的审美观认为，凡是既符合规律又符合目的，内容和形式和谐一致的数学事实或形象才是美的。数学审美观就是真和善统一的审美观，就是内容和形式统一的审美观。通过数学美育，学生了解数学美的特征、表现形式以及在艺术、自然、社会、文学、科学等方面的应用，了解数学美的价值，帮助学生树立科学的数学审美观。数学美育能培养学生的数学审美情趣和审美意识。

所谓数学审美情趣和意识，是指人们在学习、研究数学时以个人爱好的方式对数学美的欣赏表现出来的审美倾向性。由于每个人的数学基础、文化素养、性格气质等的不同，对数学审美情趣和意识也存在着差异性。由于数学美是一种较高和较深层次的抽象的理智美，这就要求人们必须既具有一定的数学科学知识和修养，又具有一定的美学知识以及审美情趣和意识。只有这样才可以提高人们数学审美的感受力、想象力、理解力和判断力，进而提高数学审美能力。

五、数学美可以培养学生的创造能力

数学美的创造力的培养离不开人们对数学的兴趣和爱好。人类通过认识数学、创造数学的实践，一方面创造了数学美，另一方面又在他所创造的数学美的世界中产生一种喜悦，这就越发激起人们对数学的兴趣和爱好。

由于人们对数学的兴趣和爱好，才激发了数学美的创造力。数学美的创造力是指人类通过对数学的研究与实践，自觉地、有意识地创造数学审美价值的能力。数学美的创造是人们对其生活空间中的各种事物的运动规律进行抽象并用数学符号加以表现的过程，这一过程体现着人的审美意识、审美能力，是一种自由的精神创造。它的创造包括了自觉的想象运动、自觉的表象运动以及渗透着理性的情感活动的与多功能的综合心理过程。历史证明，数学上的许多美好规律的发现与研究，大多依赖于人们对它的兴趣和爱好，并借助敏锐的洞察事物内部规律的能力——数学美的创造力。

综上所述，数学美学是有待于开发和研究的学科，数学美育是数学教育中非常重要，也是较难操作的一种素质教育的实践活动，是数学素质教育的重要组成部分，需要我们在不懈的努力中探索出一种行之有效的教学方法。

第四节　充分实施教学中的美育策略

一、挖掘"数学美因"，进行数学审美设计

　　既然数学的内在美要通过学生的数学审美活动才能被感受和领会，那么，教师在数学教学中，一方面要挖掘出教学内容蕴涵的"数学美因"或者合乎数学美的表征；另一方面要对教学内容进行数学审美化设计，把数学教学对象表征为数学的审美对象，使学生数学学习的过程成为一个数学的审美过程。具体就是数学审美教学要求教师处理教材时，要充分挖掘出数学内容中的美学因子，并按照数学美的标准处理数学对象，使教学内容既有启发性，又有趣味性，既符合学生的数学认知需要，又符合学生的数学审美需要。对数学中的概念、定理、公式、结论等设计成数学问题，设计出优化解法，设计成形象化的图形与模型等，由学生去体验和感悟。学生通过对数学概念的概括、数学公式的推导、数学方法的获得，就能知道数学美表现在哪里，如何从数学审美的角度来分析解题的方法并在数学美的启发下创造新的解题方法。

　　以全等（重合）三角形概念为例，美的设计从理解全等式 $\triangle ACB \cong \triangle DEF$ 开始，它表达了全等（重合）的全部内涵：对应顶点 A 与 D，B 与 F，C 与 E；对应角 $\angle A$ 与 $\angle D$，$\angle B$ 与 $\angle F$，$\angle C$ 与 $\angle E$ 的角度相等（重合）；对应边 AB 与 DF，CB 与 EF，AC 与 ED 的长度相等（重合）；从而也能推出对应高、中线、角的平分线的长度相等（重合），以至于两个三角形内各对应的局部区域全等（重合）。这样多的内涵用一个全等式概括起来，充分体现了几何符号语言的简单统一美。再从全等概念看出它的种种性质（本质属性）及它们与概念的关系。一对、两对、三对对应角相等的性质，没有它们中任何一个，全等都一定不会成立，所以都是全等的必要条件。但有了它们中的任一个全等并不一定成立，所以不是充分条件。一对、两对对应边相等也只是必要条件；但三对对应边相

等（SSS）却是充分条件了，可以判定概念成立。然后是边角搭配，得出一些必要条件以及边角边（SAS）、角角边（AAS）、角边角（ASA）等充分条件，可以用以判定三角形全等成立。这样思考性质和判定清楚地说明了条件甲与结论乙的充分关系；"有甲则有乙，甲是乙的充分条件；无甲则无乙，甲是乙的必要条件"于是也很容易掌握为"证实"而找充分条件的推理语言，只需……只需，既有（存在）则证实；为"证否"而找必要条件的推理语言，必须……必须，没有（矛盾）则证否。以全等的性质与判定定理为重点内容，能引出多少逻辑思考，体现概念判断和推理的和谐美。以对这些产生美感为基础就可能简洁、灵活地用于解题，再做出美的设计，则可进入美的创造。

二、建构数学"审美—立美"模式

查有梁教授认为教学美=艺术美+科学美，并以此为基础提出了建构"审美—立美"教育模式。受此模式的启发，考虑到数学有科学美和艺术美的特点，建构数学的"审美—立美"教学模式很有现实意义，特别是新的数学课程标准中，强调既要重视数学的基础知识和基本技能，又要重视数学教学中的思想和方法，还要关注对数学的情感、态度和价值观，因此，教师在教学中引导学生对数学审美时，可以使学生认识到数学美，并进行创造数学美的实践。学生经过不断的"审美—立美"活动，就能在感受到数学美的时候，也会提高对数学美的创造能力。由于数学"审美—立美"活动是一个动态的过程，因而数学的"审美—立美"教学有助于改变学生的学习方式，使他们在质疑、探究中学习，在自主参与、活动实践中学习，在开放、合作、交流中学习。一般来说，"审美"教学模式有五种基本类型：趣味模式、形象模式、和谐模式、奇异模式和幽默模式。以形象模式为例，因为数学主要表现为理性美的特点，所以借助形象化的数学模型或数学手段来理解和建构数学美是十分有效的。当然，对于数学中的一些几何图形和数学表达式，如果找准了适当的"审美视点"，也可以给人形象美感，如五角星的对称美。但在多数情况下，数学的抽象美要用形象性的方式展现出来，使人们接受、理解和内化。一个重要的例子就是罗巴切夫斯基初创非欧几何时，几乎无人能欣赏到它的优美，直到后来数学家庞加莱建立了罗氏几何的现实模型才对它有了直观的解释，这时人们才不得不惊叹罗氏几何创造的巧妙和完美。还有对二元一次方程组无解、有唯一解和无穷多解的认识，可以通过两条直线的平行、相交和重合三种位置关系来直观表示，这种数形结合的教学方法就是数学审美教学中"形象模式"极好的应用。"形象模式"的另一个重要方式是多媒体辅助教学的运用，它能将抽象的数学最大限度地直观化、具体化与表象化，使文字、符号、声音与图像完全地结合起来，如运动轨迹的生成过程通过多媒体显示出来，能直观、形象、逼真地展现出来，使枯燥的理论生动化，抽象的概念形象化，静止的描述动态化，从而达到数学教学审美化的效果。总之，在数学教学中，如果只追求概念，脱离实际和学生经验，会使数学课变得单调乏味。只有把抽象的概念和命题赋予生动的形象，使用直观教具、构造数学图形、运用直观语言才能使学生从这些直观形象或意象、简洁优美的造型中，欣赏到数学的美，获得轻松、愉快的数学美。

新数学课程中倡导的数学开放教学和活动教学的理念为开展数学"审美—立美"教学改革提供了极好的思想指导，具体的方式如数学游戏、数学建模等。其实，我国古代就有了"审美—立美"教学。"七巧板"是我国一种传统的智力拼图游戏，被西方称为"东方魔板"，它是用七块可以拼成一个正方形的几何图形板以各种不同的巧妙方法拼成千变万化的图案，如建筑物、风景、人物、汉字等。儿童玩七巧板的过程既是益智活动过程，又是数学对象的审美过程，也是数学美的创造过程，很容易在此游戏过程中获得数学美感。"七巧板"游戏使儿童通过图形的千变万化的过程中获得了数学美感，充分说明了卢锷教授的观点——数学图形主要不是以外部形象使人感到赏心悦目的，而是以其包含着思辨的内容引起主体的思辨才产生美感的。

在第十七次国际数学教学心理大会上，日本数学教育专家上了一堂数学开放题观摩课，课题是"花圃设计问题"。该问题是在一块长、宽为3m×4m的矩形地块上，欲辟出一部分作为花坛，要使花坛的面积为矩形地块面积的一半，请写出设计方案。

这是一个检验学生对数学图形的审美能力和创造能力的好例子。从学生们设计的上百个数学模型来看，许多是受几何图形对称美的启发。这样的问题，不仅使学生灵活地学习了数学知识和掌握了数学技能，而且更为重要的是，使学生在一种自主、轻松、愉快的情境下，充分发挥了自己的想象力和创造力，获得了数学美的体验并进行了数学美的创造。可以说，这样的数学问题是非常符合新数学课程标准的基本理念的，数学教师在教学中要多引入这样的问题进行教学，使学生通过鲜活的数学问题来感受数学美学的价值。

在教学中，如何发挥数学的美育功能并提高数学教育水平呢？英国著名数学家哈代在《一个数学家的辩白》中写道："数学家的造型与画家或诗人的造型一样，必须美；概念也像色彩或语言一样，必须和谐一致；美是首要标准，不美的数学在世界上是找不到永久的地位的……数学的美很难定义，但它像任何形式的美一样的真实——我们很可能不知道什么才算是美的诗，但这丝毫不妨碍我们在朗读一首诗时去欣赏它的美。"

如何在数学教学原则的指导下，既能创设激发兴趣的情境，又能从数学学科的基础知识出发，遵循教学规律，适合学生认知特点，启发和调动学生数学思维的积极性，在数学教学中发挥数学的美育功能，让学生在享受数学美的过程中愉快地学习，从而达到提高教学质量的目的。数学教师就是数学美育的导师。数学学习过程中，数学概念、公式、定理、法则等是学生直接接触的，它们虽然蕴涵着美的因素，但具有一定的间接性、模糊性。这就需要教师在教学中有意识地培养学生的数学审美感知力，引导他们去发现美、鉴赏美。

三、教师要善于发现数学的美育因素

数学美是真实的，是美的高级形式，但它却蕴含在抽象的数学符号、严谨的语言和演绎体系中。对于学生来说，不易感知、体味和欣赏。这就要求教师首先要钻研教材，挖掘美育因素。钻研教材要掌握严密的数学逻辑体系，各部分教材之间的内在联系，从整体上把握知识结构，理出美育因素，使美育因素具有深刻性、系统性和完整性。备课时，不但要确定传授数学知识、进行"双基"训练，还要周密考虑如何提炼美育因素、巧妙运用语言艺术、展现教师仪态美、创造美的教学方法、设计美的教学方案，然后在课堂教学中，从各个方面、各个角度体现出美感来。教材组织的严密性、数学语言的简洁优美、现代化教学辅助手段的生动与具体……无疑会产生巨大的魅力吸引着学生，使学生在心灵上产生共鸣。教师适时地运用点、线、面、体、色等图形或符号，恰当地向学生指出数学科学中的美，使学生感悟并享受到这些美，为数学真理感到惊奇，为人类的智慧感到骄傲。总之，通过和学生谈话、课堂提问、黑板演示、复述和答疑、作业批改、成绩测试等手段深入了解学生的学习态度、认知水平和情感水平。这样不仅能创造美的教学环境，使学生心情愉悦地学习数学知识，还能更好地发挥出数学课教育美的功能。

四、教师要善于创造数学美育情境，引导学生体验并享受美

1. 优化教学结构，发挥课堂教学主渠道的作用

课堂教学是实施美育的主要渠道，在课堂教学的过程中，教师应运用有效手段使课堂气氛活跃，使"教"与"学"处于最佳状态。在传授知识的过程中，教师要结合教学内容，鼓励学生参与全过程，使学生养成探究数学问题的好习惯。在习题教学中，鼓励学生在创造简洁美的思维活动中，开发智力，训练思维，体味美感。在定义、定理、公式等的学习中，引导学生在求真求善的同时努力追求美、创造美。

对于数学公式 $(a+b)(a-b)=a^2-b^2$ 来说，乍一看是不会觉得它有什么美感可言的。如果按照常规的教学方法，先写出该公式，然后对等式左边进行乘法运算，推导出和右边相等，接着做习题巩固训练。可见，在整个教学过程中，学生会觉得枯燥无味，更谈不上对该公式的审美了。若基于数学审美进行教学设计，我们可以这样引入课题：先让学生们不用计算器计算 101×99 和 51×49 的结果因为还没有学习上面的公式，可能会有多数学生直接做乘法，过程是很麻烦的。此时，老师要及时启发学生，这样的题目可以口算出来，上面的公式对计算此类问题有神奇的作用。$101 \times 99=(100+1)(100-1)=100^2-1^2=9999$，$51 \times 49=(50+1)(50-1)=50^2-1^2=2499$。这样组织教学不仅能激发学生的好奇心和审美情趣，而且能极大地调动学生学习的主动性。这样的教学设计可以称之为"设疑启美"。学生在解疑中审美，在解疑中自主探究和主动学习，这样学生就能亲切地体验到公式所蕴含的简洁美和奇异美。

2. 创设美的教学情景

首先教师应该营造一个数学审美情境，当学生处于数学审美情境之中时，就容易构建起良好的数学审美心理结构，并使数学美的直觉得以提升，从而进

行数学的再发现或再创造。一般而言，数学教学中创设审美情境主要可从以下两个方面入手：营造美的课堂环境；构建启发学生进入数学过程的情境。美的课堂环境包括物质环境和心理环境。物质环境如教室环境的整洁、多媒体教学设施的使用等，它们有利于学生以良好的心境进入数学学习状态和美化他们的心灵。心理环境如师生之间、同学之间的和谐民主关系，它有利于形成一个良好的"数学学习共同体"。在这样的"数学学习共同体"中，教师和学生分别是数学教学、数学学习的审美主体，他们能够自由进行数学的创造性活动。

"和谐教学法"的改革实验曾经在山东省得到广泛的推广，目的是使教学成为一个愉快与审美过程的有益探索。因此，学生在生动具体的日常生活和数学知识背景相关的情境中，更易于进入数学审美活动。这样的数学教学要重视利用实物、模型、图形、多媒体等组织直观性的数学活动，以吸引学生投入到数学学习过程中去。只有学生自己动手，主动探究，感知数学知识产生、发展和应用的过程，才能感受到数学中内在美的规律。这就是诸如"数学研究性学习"和"数学活动课"等开放性的数学学习方式受到学生喜爱的原因。

贵州师大的吕传汉教授主持的中小学"数学情境与提出问题"的数学教改实验研究，就是把从情境中探索和提出数学问题作为教学的出发点。从数学审美的角度分析，学生在熟悉或感兴趣的数学情境中，容易将主动探究、提出问题、研究问题和解决问题的过程变为数学的审美过程，因为按照学生的"数学现实"来构建引导学生学习的数学情境，不仅有利于学生对数学知识的"再创造"，而且有利于学生对数学美的"再创造"。数学审美过程是一个主客体统一的过程，它取决于两个因素：一是某一数学内容中存在美学因子；二是审美者具有数学美的意识和审美能力。这样，学生要在特定的数学过程中，感受美的存在、产生美感的首要条件是对数学过程的体验，如数学解题活动中，强调"一题多解""一题多变"就有重要的美学意义。从某种程度上说，他们是数学审美意识的具体应用。通过数学解题过程中方法的灵活多变，最终又能归于和谐统一，学生就能深切地体验到数学的思维之美、变形之美、猜想之美与探究之美。

3. 精心设计井然有序、和谐的教学过程

有组织、有规律、有节奏的数学语言，仿佛和谐悦耳的乐音能给学生以美

的享受；数学定理的和谐美、数学推理的严谨美、数学语言的简洁美、数学构思的创新美，都会给学生学习活动带来一种和谐、有序的快感，给学生美的熏陶和训练。在进行基础训练时，要有目的、有计划并紧扣教学要求，也要有坡度、有层次、环环相扣，由浅入深地挖掘层次美。例如，在讲授三元一次方程组知识时，课本上对这一知识描述得很简单，内容也极少，而这个知识又比较抽象，学生很难理解。因此，在教学中，教师可设计一组例题，让学生进行由浅入深，由易到难，有层次、有坡度地练习，学生颇感兴趣。同样，在课后练习设计中，不能搞"题海战"，而应有针对性、有目的性地设计练习题。若练习的针对性不强，盲目而大量的练习题只能加重学生的课业负担，不利于学生思维的培养，更不利于学生的全面发展。教师还可针对思维的片面性给学生出一些综合题或一题多解的练习题，以利于学生全面分析知识之间的联系，深入思考问题。

五、教师要善于培养学生创造美的能力

美国数学家哈尔莫斯指出："数学是创造的艺术，因为数学家创造了美好的新概念；数学是创造的艺术，因为数学家像艺术家一样地思索。"教师富有创造性的教学活动将对学生起到潜移默化的美育作用。在教案、内容处理、教法选择、教学手段的应用、教学过程的组织、数学解题的指导等方面，教师应充分发挥自己的创造性，通过自己的"再创造"，对知识内容进行重组和演化，对知识内容的传授形式进行设计和选择，为学生展现出"活生生"的思维活动。用数学美感染学生，使学生的抽象思维和形象思维相结合，从而不断增强学生对数学美的价值判断能力，让其变"被动"为"主动"，并积极地去发现和创造新的数学美，达到一种比探索自然科学美更高的境界。

在提高学生兴趣以及培养学生的数学能力方面，将数学美融入数学教学中，或让学生体验数学美，最终实现创造美比单纯地介绍书本上的数学知识的效果好。

物理教育中的美育非常重要。

物理学本身也具有科学美。

物理教学要求学生系统地掌握现代科学技术和社会主义建设需要的物理基础知识，了解这些知识的应用。

物理还要培养学生的观察能力、实验能力、思维能力、分析和解决实际问题的能力。

物理教育中要适当地渗透美育，对培养学生高尚的情操，激发学生学习物理的兴趣有重要的作用。

第七章　美育的渗透：物理学科

第一节 "提取"物理教学中美育

物理是研究自然界中物体运动变化规律的一门科学，是自然科学的一个重要组成部分。物理教学中的美育是科学美的一部分。科学美不同于艺术美那么直观，不易被人们理解。法国著名艺术大师罗丹说："美是到处都有的，对于我们的眼睛，不是缺少美，而是缺少发现。"我们正是要努力发现物理学中的科学美。

一、简洁美与深刻美

简洁美是以简单、洁净呈现其美感。简洁美是科学美的特征之一。简单性是物理学中科学美的重要标志，历代物理学家无不崇尚简单性。牛顿曾说过："自然界喜欢简单化，而不爱用什么多余的原因来夸耀自己。"的确，尽管我们面前的物理世界看似纷繁复杂，但它们所遵循的规律是简单的，物理学家无不力求用简洁的语言来描述它，而物理学也在对简单地追求中逐步发展起来，这样的例子在物理学发展史中不胜枚举。著名物理学家爱因斯坦曾指出："自然规律的简单性也是一种客观事实，而且正确的概念体系必须使这种简单性在主观方面和客观方面保持平衡。"所以，作为反映物体运动变化规律的物理来说，那种最简洁的物理理论最能给人以美的享受。物理美的简洁性并不是指物理内容本身简单，而是物理理论体系的结构和物理规律的数字表达形式简洁。

物理概念和规律能客观地反映物质世界的属性及其运动变化规律，所以物理本身的内涵具有深刻性。物理学家对宇宙呈现的简单性具有强烈的信念，他们采用"宁可寻求简单"的逻辑与手法来研究物质世界。从天体到基本粒子，物质运动纷繁复杂，但物理学家巧妙地从复杂的真实世界中，把研究对象一一分割，抽出最简单的物理模型，诸如质点、弹簧振子、单摆、理想气体、点电荷、电力线、理想变压器、光线、薄透镜等等，以这些优美的理想模型概括出物质运动的基本规律，变复杂为简单，既简洁又合理，既抽象又形象，给师生带来研究物质世界美的享受。物理理论体系、规律、公式表达体现在逻辑上的简单美更令人赞叹。作为支撑经典物理大厦的牛顿运动定律，在宏观低速领域实实在在地展现其简洁和美；而作为现代物理大厦支柱的相对论和量子力学，又从更广阔的领域描绘了一幅极其简洁的物质结构和运动的图像。至于采用数学工具以极其简洁而严谨的函数关系或明快而直观的数学图像来描绘错综复杂的物理现象，在整个物理学的研究中比比皆是。

二、统一美与奇异美

统一美是物理研究与发现过程中所追求的，也是中学物理教学与学习的科学方向。在组织教学和指导学生学习时，通过研究系统的共性，把共性归纳成为简洁而深刻的统一形式，并启发学生去品味其中的美感，以培养学生的科学审美观念。在自然界中，千篇一律和杂乱无章的东西都不能给人以美感。只有把千姿百态的物理现象用统一理论加以概括和解释后才能给人以美感。多样的统一之美是人类追求的永恒主题。物理学发展的历史就是一个不断由小的统一走向大的统一的过程。如牛顿力学将地面上物体的运动与天体的运动统一起来，正确地描述了宏观低速条件下物体运动的规律。电、磁、光三者之间看起来并无必然的联系，但麦克斯韦却把它们完美地统一于精美绝伦的电磁场方程中。这些成就并没有使物理学家们满足，他们还在寻求统一的道路上奋力进取。只用一个理论说明存在于宇宙的四种相互作用的"统一场论"，是爱因斯坦用多年宝贵岁月，孜孜以求的目标。尽管抱憾而终，但他的前瞻性思想对现代物理进展的影响依然深远。寻求迈向统一场论之路，仍是现在物理学的前沿课题之一。在对自然界四种基本作用力的研究中，人们已经在弱电统一理论的研究中取得了重要进展，进一步统一四种相互作用的研究还在深入地进行。大自然中物体的运动变化和现象是千姿百态、千变万化的，每一物体都有区别于其他物体的特殊性。物理学所研究的就是从这些不同事物运动变化的多样性中找出它们的内在联系和共性，通过这种联系和共性来构成一个统一的理论体系。这样就形成了既千变万化又和谐统一的结构美，这也就是科学多样性的统一美。统一美是物理结构美的重要标志，在物理学中一些表面看来不相同的概念、定理、定律在一定的条件下可以处于一个统一的系统中。统一性是自然界和谐性的必然体现，物理学理论则深刻地反映出这种统一性。爱因斯坦说："从那些看来与直接可见的真理十分不同的各种复杂现象中认识到它们的统一性，那是一种壮丽的感觉。"因此，追求科学的统一，用最简洁的理论描述物理世界，是物理学家梦寐以求的最终目标。

奇异美是指物理学领域中超出常人想象而使人惊异的特征。奇异与和谐的配置也是美的体现，不和谐在和谐的背景下才给人以美感，甚至是超越和谐的美感。由于客观事物具有多样性，它们的运动规律往往是非常复杂的，不可能一下子把它们认识清楚。而采用理想化的客体，即物理模型来代替实在的客体可以使事物的规律具有比较简单的形式，从而便于人们去认识和掌握它们。建立正确的物理模型可使我们对物理本质的理解更加细致深入，对物理问题的分析更加清晰明了。古人认为圆是最和谐的，于是，托勒玫和哥白尼就用圆形轨道建立起一幅和谐的宇宙图景，开普勒用实验观察，发现了行星运动的椭圆轨道。很显然，椭圆是圆的奇异体，圆只是椭圆的特例，开普勒的行星运动定律体现了和谐奇异美，爱因斯坦的相对论又解释了行星椭圆轨道还会发生运动。运动的椭圆又是圆的奇异体，但它逼真地体现了物理规律的动态之美。统一美是共性之美，奇异美是个性之美，这两种美交相呼应，构成了整个物理体系的科学美。

三、和谐对称美与结构破缺美

"和谐"是美学的一个重要法则。古希腊毕达哥拉斯学派认为宇宙与数之间的美是因为它们是和谐的。和谐美是指事物和现象的各种要素、各个部分、各个方面协调有序和匀称流畅，是具有多样化的特殊统一美。和谐美主要表现为物理理论的内容协调、自然和形式匀称。客观物质世界是和谐的，小到微观粒子，大到宇宙，世界万物都在和谐中遵循着自己存在的规则。物理学知识体系庞大，各分支既具有规律又具有联系，和谐并存。和谐美是理性地研究自然的基本思路，自然界存在的和谐性是很多科学家固定的思想方式和研究方法，并成为一种信念和追求。例如，磁通量把本来并不存在的抽象物理模型——磁感线，与描述客观存在的磁场强弱的物理量——磁感应强度有机地联系了起来。再如，中学物理中理想气体的状态方程式就把玻义耳定律、查理定律和盖·吕萨克定律在理想条件下统一了，这就是和谐美的匀称流畅、多样统一。但凡科学理论和科学规律都具有和谐美，这是因为理论和规律都具有内在的结构和谐与外在的功能和谐两个方面的统一，这种和谐与统一就是科学美的重要组成部分。

在物理教学中，通过对类似上述模型与规律的分析，可以促使学生从理性上感悟出物理中的科学美，由此也就可以在学习物理的过程中发现更多的物理美，这对学习物理方法的优化无疑是十分重要的。对称是美学形式中的一种，指整体各组成部分之间的相称或对应，如空间上的和谐布局、时间上的节律协和。借助建筑美学很容易理解对称美概念，一些建筑物外表的对称显示出一种空间方位上对称的美感，我国古建筑如天安门、天坛、故宫等就呈现出庄严稳重的对称美。物理学家劳厄曾把物理公式中精炼和庄重的对称结构称之为美学上真正完美的对称形式。物理世界中存在多种对称形式，如作用力与反作用力、正电与负电、电与磁、吸引与排斥、正粒子与反粒子等。物理学理论中体现出的对称性是从更高层次上揭示了自然界的对称性。与此同时，物理学家已经把对称性原理作为科学研究强有力的工具。在物理学理论中，有许多我们所熟知的守恒定律，如能量守恒定律、动量守恒定律、角动量守恒定律、电荷守恒定律等。这些定律是物理规律具有多种对称性的必然结果，如能量守恒与时间对称性相联系，角动量守恒与空间对称性相联系。对称性与守恒定律之间的联系成为现代人探索自然界的基本出发点之一，而这一联系也深刻地揭示了自然界的和谐之美。强调审美意识的物理学家狄拉克正是从对称美出发，依据我们所处的物质世界提出了反物质的概念，可见审美意识也是物理发现和创造的基础。同样，学习物理中的审美意识有助于强化对物理概念和规律的理解，如机械能守恒定律和动量守恒定律，都具有平稳、庄重的对称美，电场与磁场、波粒二象性、负电子与正电子也都具有内涵与外延的对称美。在物理教学中，教师指导学生从规律结构的对称性来认识自然中的守恒规律，并启发学生感悟出对称是一种美的结构，从而进行审美意识的培养。从对称美的角度去理解和掌握这些物理规律，会使学生对枯燥的理论产生愉悦感，由此可以提高学生学习物理的兴趣。

另一方面，自然界的对称性并不是绝对的，在一定条件下还会出现对称性破缺。我们熟知的弱相互作用下不守恒的对称原理就是典型的对称性破缺的例子。随着对物质结构研究的不断深入，人们进一步发现其他对称性破缺的事实，由此认识到对称性的存在是客观事物普遍规律的内在依据，对称性的破缺则是事物表现出多样性的原因。这种对称中不对称的美与不对称中对称的美，实际上是更高层次上的对称美。难怪现代物理学把对称性破缺看作是一条重要的美学原则。

四、理论美与实验美

物理学的理论体系显示出一种深沉美，它吸引无数人为之竭尽一生。在牛顿力学对天上和人间运动规律的统一中，在焦耳、迈尔对热和功的统一中，在法拉第、麦克斯韦对电与磁的统一中，在质与能的统一中，在广义相对论关于引力、空间、物质的统一中……无不体会到理论美。不但已成为公认的、规范的科学理论的美，而且许多假说也具有神话般的魔力，令人不倦探索，一旦验证属实就成为美的理论。理论美是假说、实验、公式和逻辑推理上的优美之处的综合。

物理学是一门实验科学，将实验的科学性与艺术性融为一体，对于物理学的教学有着重要的意义。从物理教学角度看，物理实验绝对不能只理解为一种教学方法，而应该把实验看成是一种重要思想，即物理学是从直观的实验观察到思维加工，总结出规律性的认识后，又回到实践中去运用的。这种思想本身就体现了一种科学改造自然的美。实验所依据的物理理论，实验后总结出的物理规律，形式上给人一种严密优美的感受。物理实验是把自然界的现象和规律通过创造，在一种特定条件的环境下，明晰化地显现出来。它对物理学的发展起着重要的作用，许多美妙的实验解决了一个个物理难题，启迪了人们的思想，给人一种形象的直接美感。在物理实验中，实验本身的设计是十分重要的。有很多伟大的科学家能取得成就与他们有一套独特、奇妙的实验设计是分不开的。

卡文迪许引力常数测定使用的扭秤实验，采用悬线系统，附加一个小平面镜，利用光学方法远距离测量，把一个微小的变化三次放大，精确地得出结果。他的实验让人感觉到了科学的艺术美和一种奇妙的美感。我国古代制作的候风地动仪，融科学与艺术为一体，从外形上看，它本身就是一件艺术品，地动仪利用其中"都柱"的惯性在地震时使龙张口吐出铜丸落于蟾蜍口中，这样的仪器在结构、设计、精度等方面都有创新，体现了一种艺术美。

物理学本身是一个美的世界，蕴含着丰富的科学美，不管是哪一个概念、哪一条规律都同时具有多种形式的科学美，如牛顿第二定律，它就具有结构简洁美、内涵深刻美、描述运动状态美和过程美、宏观物体运动的统一美等。马克思曾指出过："人类是按美的规律去改造世界的。"这就是说，美不仅是人类追求的目标之一，还要按照美的规律去认识并改造世界。那么物理学科作为自然科学的一门主科，在中学物理教学中，就应更多地追求在教学中的科学美，把指导学生从科学美的方面去认识物理、学习物理作为物理教学中的一个重要内容。认识与发掘物理中的科学美，从科学美的角度去认识物理、研究物理，一定可以使学生对物理的理解在科学审美中得到升华。

第二节 "提炼"物理教学中美育

一、物理教学中美育渗透的任务驱动

1. 让学生体会物理学家不畏艰辛，追求真理的探索精神

科学每前进一步，就需要很多人付出巨大的努力。科学家们在探求真理的路上的付出是常人无法想象的，这种追求真理的精神本身就是一种美。现在学术界造假现象屡见不鲜，学术风气不正的情况越来越严重。越来越多的人坐不住冷板凳，一心想着不劳而获，一劳永逸。科研失去了原有的魅力，不是对知识的尊重，而是对名利的向往。中学阶段是学生世界观、价值观形成的关键时期，要树立起学生对追求科学的正确态度。物理学家为了探索真理不畏艰辛，默默无闻的精神是激励学生奋发图强的最好教材。

2. 让学生感受物理之美

物理学本身具有的科学美应该在教学中体会出来。比如在讲述公式的时候就可以体现物理的结构美，在讲镜面反射的时候就可以体现物理的对称美……这些物理之美都可以通过具体的实例反映出来。既可以发挥物理学科本身的美育作用，又可以激发学生学习物理的兴趣。

3. 帮助学生树立正确的审美观

人们在审美活动中所持的态度和看法为审美观。学生对事物的美丑都有一种固有的看法，但是这种看法是否正确取决于学生的审美观是否正确。到底哪种审美观是正确的，这就需要教师平时的引导与教育。教师要把正确的、高雅的、进步的审美观教给学生，使学生有明辨美丑的能力。

4. 培养学生发现美和创造美的能力

有了正确的审美观是不够的，还应该培养学生发现美和创造美的能力。美无处不在，只是缺乏一双发现的眼睛。发现美从单一的外在美逐渐发展到内

在美，审美思维从形象思维到抽象思维。要鼓励学生到实践中去发现美和创造美，体现在物理教学上就是鼓励学生发现物理教学中美育，通过实践创造物理美。不仅要体会物理学中显而易见的原理，而且要探究隐藏在物理现象背后的抽象的原理。学生课余时间可以搞些发明创造，毕竟物理来源于生活。

总之，教师在物理教学中渗透美育的任务在于把美育与物理教学紧密结合，把物理当作一种美去探索、感受与发现。

二、物理教学中美育渗透的原则

1. 形象性原则

美是通过感官来察觉的。在物理教学中渗透美育必须结合物理学科的特点，用形象的语言让学生感受到物理美。

2. 情感性原则

对于美的感受需要情感上的沟通，师生之间必须经常沟通与交流，才能够达到情感上的共鸣，共同激发起对物理美的向往与追求。

3. 差异性原则

不同的个体在身心发育上都有差异性，即便同一个体在不同的年龄阶段也有不同的生理和心理差异。教师应根据学生自身的特点采取灵活多变的美育手段，使美育功能达到最大限度的发挥。

4. 创造性原则

任何教育都希望培养出具有创造性的人才，而不是只限于被动地接受教育。美育也具有同样的原则，受教育者在现有美的基础上去主动发现美并创造美才是美育的最终目的。

三、物理教学中美育渗透的手段采纳

1. 挖掘美学因素，引导以美启真

物理书写美的优雅。在丰富璀璨的人类文化中，艺术是美与和谐的典型代表。科学虽然求真，但其理论公式的简洁、优美，结构的互补、对称，亦表现为和谐性。也就是说，科学与艺术在和谐方面能够达成共识。一个成功的科学理论令人着迷的地方，正在于它的和谐性。同样，一部让欣赏者陶醉的艺术作

品，也是因为其和谐优美的特点。所以，在这一点上二者具有共通之处。李政道认为，科学与艺术可以比作一枚硬币的两面，是不能分割的，对艺术作品的欣赏以及对科学思想以及观念的理解，都不能少了智慧。科学与艺术同源于人类活动最高尚的部分，都追求着深刻性、普遍性和永恒性。物理美学的三大标准即简洁、对称、和谐。作为三大美学标准之一的"对称"，是我们在物理学中最常见和最容易感知把握的。所谓"对称"，一方面是物理学理论自身的一种追求，另一方面也是物理定律对于"自然界对称性"的一种内在反映。被誉为是"上帝在谱写诗歌"的麦克斯韦方程组，正是麦克斯韦出于哲学和美学的一种考究，在并不具备充分实验根据的情况下，凭借对于"电与磁"对称性的猜想，在安培环路定理中添加位移电流密度矢量一项，后又经赫兹和亥维赛的两次简化，最终呈现出一种简洁优美的"形象对称性"。这种穿透自然规律本质的对称美被誉为是"上帝在谱写诗歌"。

$$\oint_S D \cdot \mathrm{d}s = q_0$$

$$\oint_S B \cdot \mathrm{d}s = 0$$

$$\oint_L E \cdot \mathrm{d}l = -\iint_S \frac{\partial E}{\partial t} \cdot \mathrm{d}s$$

$$\oint_L H \cdot \mathrm{d}l = I_0 + \iint_S \frac{\partial D}{\partial t} \cdot \mathrm{d}s$$

麦克斯韦方程组的积分形式

　　数学家外尔曾给"对称性"一个很好的定义。大体意思是如果你拥有某件东西，我们就有权利对它进行某项操作，当我们在完成这项操作后，如果发现这件东西与我们在进行操作前一样，就可以说这件东西是对称的。同样，如果我们要给"空间对称"个定义的话，我们可以这样说：对于受物理定律制约的物体甚至是物理定律本身，在满足一定条件的情况下，通过一定的操作使它们所处的空间位置发生改变，如果丝毫不影响定律所要表达的物理效果，我们便认为这个定律或是理论具有"空间对称性"。如我们的"相对性原理"在伽利略变换当中，如果一个物体一直保持静止或者是匀速直线运动状态，对一切相对于这个物体静止或者是做匀速直线运动的惯性系而言，力学规律总是完全等价的，且这些惯性系之间的力学地位是平等的，并不存在一个比其他惯性系更为优越的惯性系。在惯性系中，力学规律对于空间上的"平移"仍然普适于这一物理特性，映衬出物理定律的"平移对称"美。而从物理学的角度来反观"对称"，它其实是不同的观察者站在不同角度上所看到的"物理实在"问题。这正是我们物理定律与美学对称的一种交相辉映，物理公式以其"深邃的浪漫"书写出美学"圆润""匀称"的美感。自古希腊起，艺术和科学的品质就是理性、理想和唯美的结合。物理学的多次重大进展，都与"和谐、统一、对称、简洁、玄妙"等美学要素相互关联。哥白尼在行星运动简洁性的思想指导下提出"日心说"；开普勒在宇宙和谐统一的原则上总结出行星运动的开普勒三定律；牛顿力学中的普适、统一与简洁性原则成就了物理学的构建范式；对称原则是麦克斯韦理论的点睛之笔；在爱因斯坦的相对论和光量子理论中，美学概念也起着重要作用……

2. 融入人文艺术，引入温度特征

物理与艺术是只有人类才有的文化活动，根植于实践，是人脑对实践的反应以及反应的再加工。艺术是对具有美感的事物进行直观的艺术抽象，借此抒发内心的情感；物理则是从纷繁、复杂的现象中总结出简洁的物理定律，借此描述运动的本质。二者虽看似像两条平行线，毫无关联，但对真理的本质而言，真理存在的普遍性以及人们揭示真理的创造力使人们在表达真理本质的问题上是相似的。我们这里强调的是物理与人文艺术的融合，主张在物理中融入人文艺术，使物理显得不再冷峻，而是带有温度、带有"美"的特点的。

物理学直观化的诠释本身就具有"艺术绘画"的意味，任何一个物理模型的构建最终要落实到一个具体的物理图像中并加以解释，使得抽象的物理概念可视化，它是物理简洁美的另一种展现。这些简洁明了的物理线条为我们观测复杂现象提供了可描绘的摹本，其对物理现象、概念和原理的直观化诠释具有一种艺术上的传神达意之效。如电场线、磁感线、光线等物理模型，都立足于事物本质，为了更加直观地描述物理问题而抽象出的一些理想化的物理模型。在对物理现象的解释上，这些直观的物理图像与文字的解释比起来，具有一种可观赏的艺术美感。犹如艺术绘画中的素描，画家简单几笔，一幅静物的风韵跃然纸上。这些简洁、突出的线条，虽出自抽象且不具有色彩，但使得眼前的

景物层次分明，而且这种美是贯穿了事物本质的深邃美，其对于美的表达与物理模型对于真理的揭示相得益彰。于物理而言，电场、磁场、光等都是客观存在的物质，它们不依赖于人们的感觉而存在。而对它们的科学抽象——电场线、磁感线、光线却属于人类抽象思维的更高层次，它们是人类假想的结果，只为能更方便地描述和揭示物理本质；于艺术而言，现实世界中的真实景物是客观存在的，它们不以人的意志为转移，但对这些景物的描绘手段——绘画却是对这份美的本质的一种艺术抽象，只为能将这份美变得可描绘和定格。无论是物理中的线条还是艺术中的线条，都是对事物本质的一种揭示，这份美属于大美，美得深邃。

3. 引入传统文化，立体学习物理知识

正如解世雄在《物理文化与教育》一书中所说："物理文化是一种高品位文化，蕴含着大量隐形的美和显性的美。"任何一种独立形式的文化，都会形成自己特定的标准。物理文化作为一种独特的文化形式，也有着自己的美学观。物理文化主要关于客观世界，追求目标是认知自然界及其本质与规律，科学的求真精神贯穿始终。无论是作为孕育自然科学土壤的西方古典文化，还是作为中国人生存之根的中国传统文化，都饱含着与我们的物理教学相关的可取内容。我们完全可以在物理教学中巧妙引入这方面的内容，这不仅可以使讲课内容更加丰富多彩，提高学生的学习兴趣，而且可以让学生感受物理教学内容的文化厚度，从而更全面、更立体地学习物理知识。

所谓文化，不可能不体现客观实际的真实性，也不可能不体现精神世界的多样性。在科学和哲学尚未分开时，人们探索和研究自然界的规律的依据是大自然的和谐美。物理学不仅包括自然的知识，还包括对自然的态度、研究自然的方法以及建立关于自然的理论体系。起源于希腊文明的理性自然观，把自然界看成独立于人的客体，有可以被认知的规律，并以数学语言进行描述。物理学的目的就是寻找支配宇宙万物的最基本的规律。在中国，这些物理现象的发现虽早于西方，但没有形成一个严密且系统的科学体系，在很大程度上是因为近代科学的理论是定量的，并且具有严密的逻辑体系。西方自古希腊发展起来的几何学，正好为之提供了一个数学上和方法上的框架。而中国古代由于重视经验性和实用性，对于纯粹的数学没有太大的兴趣。四大发明都是实用技术，即使是数学这样的抽象学科，也仅仅是停留在对一个个具体问题的算法上，而没能抽象成像欧几里得几何那样严密的逻辑体系。中国古代的文化价值取向是实用性和经验性，很少有超出直接使用目的而进行的对自然界基本规律的科学探究。在文化价值"真、善、美"这三方面，中国古代的文化价值取向更倾向于"学以致用"，却忽视了"学以致知""学以求真"。从科学的角度讲，尽管自然现象本身并不依赖于科学家或是文学家而存在，但对于自然现象的探索和总结却是人类智慧创作的成果，是一种对敏锐的、全新的认知方式。在这方面，文学家和物理学家的创造是相同的。他们超然的洞察力使他们能够预知不易被常人发现的"新世界"，甚至在某些方面，文学家对于未知领域的感知要超然于物理学家。

4. 引入物理学史，感受跌宕起伏

爱因斯坦曾说过："科学是一种历史悠久的努力，力图用系统的思维，把这个世界中可感知的现象尽可能彻底地联系起来。"物理学的发展从来不是一片坦途，而是充满了曲折离奇、跌宕起伏的。物理学的天空常常在晴空万里之时悄然飘来几朵乌云，进而很快被带入黑暗中，正当人们"山重水复疑无路"时，突然峰回路转、柳暗花明。整个物理学发展史，充斥着矛盾冲突，戏剧变化，既有力挽狂澜的英雄人物，又有不可思议的传奇故事，其精彩程度，绝不逊于金庸的武侠小说。物理学的源头可追溯到古希腊哲学时期，到亚里士多德形成了比较系统的理论。不过当时的物理学理论还只停留在经验观察和抽象思辨的水平，直到伽利略才确立了实验以及数学方法在物理学研究中的重要作用，同时也真正标志着物理学的开端。

对于物理学家伽利略，我们非常熟悉他的比萨斜塔实验和斜面实验，知道他亲手做了一架望远镜并用它来观察月亮，还了解他怎样发现单摆的等时性规律，他为了坚持哥白尼的"日心说"，与罗马教廷据理力争……然而有些史实，中学生并不了解，比如伽利略可能根本就没在比萨斜塔上做过自由落体实验；伽利略除了制作了望远镜，还发明了温度计；虽然伽利略为坚持真理据理力争，然而到了晚年，迫于教廷压力的伽利略不得不放弃了自己的科学主张，承认哥白尼的"日心说"是错误的……尽管他晚年迫于压力有所妥协，人们仍然对他表示理解和尊敬。今天，人们仍然认为伽利略代表了现代科学的基本精神，其坚持真理的勇气仍然受到人们的佩服和赞美。事实上，当我们在给中学生讲授相关知识时，适时地加入一些有关物理学家的故事，无论是正面的我们熟悉的故事，还是侧面的我们不熟悉的故事，都可以为课堂增添不少趣味。同时，通过历史故事也让学生感受到物理学发展的艰辛，通过物理学家为坚持真理所做的斗争，学习他们捍卫真理的精神。这些都是教学过程中必不可少的情感、态度与价值观方面的教育，这也是美育的必然要求。

5. 原始问题教学，体验探究乐趣

在如今素质教育的大环境下，如何在物理教学中提升学生的能力成为一个非常重要的问题。学生的能力很大一部分是指学生解决日常生活中实际问题的能力。这种将日常生活问题引入到物理中，以及用物理知识解决日常生活问题的做法，使得物理与日常生活更贴近，也接近物理及一般科学的根本精神。正如爱因斯坦所说："自然科学研究的最高使命就是从混乱的现实经验中整理出秩序和规律。"杨振宁先生也强调："物理学的根源是物理现象。"根据邢红军教授等人的研究，原始物理问题比一般的习题更具有美育功能。按照邢教授的定义，"原始物理问题"是指自然界及社会生活、生产中客观存在且未被加工的物理问题。相比之下，普通的物理习题是指从实际问题中抽象简化处理加工出来的物理问题。

原始物理问题是对物理现象的直接描述，尽量避免对问题的理性干预，这样能够保持物理现象的原汁原味。这类问题只有现象，没有抽象，只有描述，没有数据。由于原始物理问题把数据和条件隐藏在真实的物理现象中，而不是直接给出，这就需要学生借助所学的物理知识充分挖掘，并试图通过分析简化建立模型，以帮助问题的解决。在这个过程中，学生并不知道使用什么知识、哪些数据、哪个模型，这就需要学生自己去探索发现，这样才能深切体会到问题解决过程中探索发现的乐趣以及经过各种努力尝试使问题得到解决时的喜悦，从而更容易产生美感体验。按照杨振宁先生的学习思想，学习并不只是学知识、技术和方法，更重要的是要对所学内容的意义有所了解，有一些欣赏。杨先生曾举例说，假如一个人在学了量子力学后，不觉得其中有的知识是重要的，有的东西是美妙的，有的东西是值得坚持的，那么就说明他并没有真正学进去。而这些所谓的"意义""欣赏""美妙"等，在原始物理问题教学中比在传统习题教学中更容易获得。其原因是原始物理问题能更全面地与人的生活体验相结合，这样使学生在学习中不仅学到了知识，掌握了处理问题的方法技能，在经历解决这个问题的过程中还会有情感方面的收获。很显然，这对培养学生的综合素养十分重要。

第三节 "提纯"物理教学中美育

两千多年前，中华民族的先哲庄子的"判天地之美，析万物之理"的古训，已揭示了物理教学的根本任务，既道出了物理教学应遵循的美学原则，也明示了物理教学与审美教学的逻辑关系。物理教学的目的不应只研究物理学的"真"，还应该揭示物理学的"美"。没有美育的物理教学是不完全的物理教学。因此，要提高物理教学质量，帮助学生学好物理，必须渗透审美教育。欣赏物理学中的美不光对物理学的发展起了巨大的推动作用，同时对学生学习物理也有着潜移默化的作用。

一、触发科学创造的灵感，推动物理发展的动力

许多物理学家都坚信物理学领域中存在很多美，于是，他们自觉按照对称、简单、和谐、统一等科学美的法则去努力地发现自己研究领域中的美，这大大促进了物理科学的发展。公元2世纪，古希腊天文学家托勒密建立了以地球为中心的宇宙模型。为了能够说明复杂的天体运动，托勒密不得不在他的模型中增加一系列均轮和本轮，使他的宇宙模型复杂不堪。崇尚简洁的天文学家哥白尼认为，天体的运动应当是简单、和谐的，托勒密的宇宙模型不符合数学和谐简单的原理，因而是不正确的。他从天体运动的简单性出发，提出了以太阳为中心的宇宙模型，这一模型不但彻底抛弃了均轮和本轮的复杂运动，而且更精确、更简洁地解释了天体运行的规律，把人类对天体运动的认识引入了科学的轨道。如果简单性导致了天文学的革命，那么，简单性在物理学理论中体现得淋漓尽致。我们熟知的牛顿力学体系、麦克斯韦的电磁理论、爱因斯坦的相对论、量子力学方程等，无一不是物理学研究中简单美的典范，也从侧面体现出物理学的简单美——无论是理想化模型，还是构思巧妙的理想化实验，它们在大大简化物理学研究的同时，也给人简洁美的感受。

古时人们认为天体运动是神秘的。牛顿对前人的工作进行了详细研究和总结，把地球上物体的运动和天体的运动统一起来，提出了万有引力定律，使人们惊奇地发现，天体之间的运动和世界上各式各样美好的"圆"联系在一起，人们利用这一物理规律展现的美好图景发现了海王星和冥王星。18世纪，人们已经知道太阳系有七颗行星，当时有人推测天王星轨道外面可能还有未发现的行星。英国的亚当斯和法国的勒维烈利用万有引力定律各自独立地计算出了海王星的轨道，并且由德国的加勒在勒维烈所指的位置附近观察到了太阳系的第八颗行量海王星。电磁学的发展在很大程度上得益于对称美的启示。法拉第坚信电与磁是对称的。他认定既然电能生磁，那么磁也能生电。他坚持奋斗十多年，发现了电磁感应现象。同样，麦克斯韦的位移电流假设，除了逻辑思维上的原因外，确信物理规律具有对称、和谐、统一的美的形式，也是一个不可忽视的重要原因。因为在诸如电容器充、放电这种非稳恒情况下，安培环路定理不再适用了，电和磁之间的对称、和谐、统一的关系被破坏了。而引入位移电流后，不但推广了安培环路定理，而且电与磁之间的对称、和谐、统一关系在非稳恒条件下又被重新确立。

二、培养学生正确的审美观，激发学生创造美的热情

物理知识的"真"是"美"的基础，没有"真"就没有"美"。"美"不是抽象的、空洞的、神秘的东西离不开物质的结构与运动。凡是美的事物，总是符合事物的发展规律，代表事物的发展趋势。因此，物理学中的"美"体现着"真"。物理教学活动从来不是单向的抽象思维活动，而是师生双边活动。在教学活动中，师生间不仅仅是知识概念的交流，也是心灵与情感的沟通。因此，无论是教育内容还是教育方法都应体现真善美的统一。中学生进入青春期后，爱美意识逐渐加强，从单一注重外表逐渐转向内在精神价值，崇尚审美范围也逐渐由周围狭窄的生活圈子扩展到广阔的社会生活与自然现象中去，审美思维方式也逐渐从形象到抽象，从感性到理性。因此，适时地引导他们树立对自然现象、自然法则思维艺术的审美情趣，以提高感受、鉴别和理解美的能力，是完全符合成长规律的，不容延误，更不容轻视。事实表明，凡是对自然美和艺术美有追求的学生，一旦剖析了物理学的科学美，往往使他们在对物理

美育的赞叹中提高学习物理的热情，逐渐领悟到物理学如同诗一般简洁、对称与和谐美，他们对学好物理的兴致会更浓，学习潜能挖掘得更深，进而从尝到的学习成果滋味中，更激励他们主动学习、刻苦钻研的求索精神，构成动因与效果间的"正反馈"。要达到此目的的关键在于教师在教学活动中创造美的氛围，激发学生的审美激情，让审美主体的学生能最大限度地发现美、欣赏美并享受美。

德国美学家席勒说："从美的事物中找到美，这就是审美教育的任务。"能够"从美的事物中找到美"凭借的就是审美感知能力，舍此便无法进行审美活动。著名唯物主义哲学家费尔巴哈说："如果你对音乐没有欣赏力，没有感情，那么你听到最美的音乐，也只像听到耳边吹过的风，或者脚下流过的水一样。"马克思也说："对于没有音乐感的耳朵说来，最美的音乐也毫无意义。"因此欣赏音乐要有"音乐感的耳朵"，欣赏绘画要有"形式美的眼睛"。所谓"音乐感的耳朵""形式美的眼睛"就是审美感知能力。它是通向审美王国的桥梁，也是学生从日常状态进入审美状态，成功进行审美活动的前提。培养学生对物理学中科学美的感知能力包括两个方面：一是对物理事物和物理现象的形、声、色、光等外在美的形式的感知能力，二是对物理事物、物理现象所蕴含的物理规律，物理理论呈现内在的科学美的感知能力。这是因为感知艺术美与感知科学美是不同的。艺术美一般都有比较鲜活的、具体的外在形象，通过人的视觉、听觉可以立即感知它，而科学美虽然也有其外在形式，但如果你不理解它深刻的内涵，它所显示的内在科学美是很难感知、理解的。它往往不能靠肉眼去感知，更多的要靠心智去体验。它带给学生美的享受不只是视觉或听觉的，更多的是一种内在的震撼与人心的愉悦。这种震撼和愉悦也只有当学生置身其中、身临其境时才能真正感知到。

在探索性实验中，不是引导学生按照教师指定的捷径马上去发现规律，而是让学生根据实验要求设计实验方案，寻找相关器材并完成实验。开始学生会面对众多杂乱的观察记录，苦思冥想而不得其解，这时不会产生什么美感，但在"山重水复疑无路"的情况下，只要教师善于启发引导，促使学生不懈努力，总会"柳暗花明又一村"的。当学生独立或在教师指导下最后找到简洁的物理规律时，看到自己的力量和知识的力量，一定会获得审美享受，从而也满足了他们的审美需求。这也是培养学生审美感受能力行之有效的途径之一。有人说，"人的心灵好比顽石，它的颤动是因为震动。"在我们倡导教育要使学生全面发展的时代，物理教学理应使学生在一种受感动的美中寻找自己，发现自己、提升自己、物理现象十分广泛，如声现象、热现象、光现象、静电感应现象、磁现象等。这些现象有些可以直接观测，有些我们通过肉眼是无法观测到的。因此，要激发学生的好奇心和神秘感，就需要教师通过各种物理的手段，把一个个谜一般地物理现象展现出来，揭示它的美，激发学生揭示这种现象产生兴趣。

对物理美的认知，可以激发物理学家破译宇宙密码的强烈激情与灵感，同样也可以使学生产生探索物理的激情与创造的动机，学生在感知审美对象的基础上引起情感反应，产生积极联想和深刻理解，从而迸发出创造性思维的火花。近年来，我国不少中学生发表了大量极有创造力的科学论文、科学实验与科技制作，甚至有些航天飞行中的实验项目和方案被美国宇航局所采纳。近几届国际物理奥林匹克竞赛金奖也大都由我国中学生获得，从这些创造性思维成果中，我们都能寻找到美育的痕迹。可以肯定对科学美的认识是诱导学生学好物理学的桥梁，伴随而来的是展现在学生面前的教学内容再也不是一堆死气沉沉的公式，而是一串串令人赞美的珍珠了。不过，这些定律、公式能给学生带来美的享受是有前提的，那就是这种对物理美的感受不是光靠肉眼来辨析的，还要靠心智去体验。这要求物理教师从素质上注意培养学生具有像科学家那样敏锐的辨析力和丰富的想象力。其实，对科学美的认识本身也有助于完善和促进学生观察能力、思维能力、想象能力、记忆能力和操作能力，对培养学生具有扩散性思维的想象能力更显著。艺术的想象力给人类喜欢钻研的思想添上了双翼。难怪爱因斯坦强调："想象力比知识更重要。"艺术的想象力会刺激科学的想象力，这些都是对美的追求的表现。

三、激活学生的非智力因素，培养学生学习物理的兴趣

学生接受知识是一种认知活动。它是系统在起作用或者说有两个方面的因素。

（1）由学生的观察力、记忆力、想象力、思维力等因素构成的智力因素或

智力系统起作用，这可以说是学生接受知识的操作系统，或者说执行系统。这一系统的强弱会影响学生对知识的接收。学生的智力因素是有差异的，但根据许多心理学家分析，同一年龄阶段、同一年级的学生在智商方面并不会有太大的差别。

（2）由学生的需要、动机、兴趣、情感、意志、毅力等因素所构成的非智力因素或非智力系统是学生接受知识的调节系统，或者说动力系统。事实证明，学生学不好功课并非智力因素太差，主要是非智力因素方面存在问题。比如学习成绩靠后的学生往往缺乏学习的动力，对学习没有兴趣，厌学或缺乏信心，缺乏毅力，不能克服学习中的困难，等等，这些都是非智力因素方面的问题，也就是说他们的非智力因素不仅不能激励、激活其智力因素，反而严重阻碍智力因素的正常发挥。

可见，有效认知活动过程是学生的智力素质与非智力因素系统紧密配合、协调发展、和谐统一的过程。实践证明，要促进学生智力因素与非智力因素的紧密配合、协调发展、和谐统一充分实现非智力因素对智力因素激励、激活作用，让学生的智力得到充分发挥，将潜在智能转化为现实的智力，其最有效的途径就是实施美育，将审美教育渗透到整个教学过程中。这是因为现代美育是一种偏重于感性、侧重于情感的教育，具有形象性、感染性、自由性、愉悦性等特点，它容易激励、激活学生的许多非智力因素，比如激励、激活学生的学习兴趣。学习兴趣是人们获得新知识的一种积极的心理表现，它对于顺利取得知识、开阔眼界、丰富精神生活和推动不断学习是一种强大的动力。我国古代教育家孔子说："知之者不如好之者，好之者不如乐知者。"爱因斯坦说："兴趣是最好的老师。"杨振宁说："成功的真正秘诀是兴趣。"德国教育家赫尔巴特指出："教育应当贯穿在学生的兴趣当中，使学生的兴趣在教学的每一阶段都能连贯地表现为注意、等待、探究和行动。"兴趣既是教学手段，又是教学目的。要帮助学生学好物理，提高物理课的教学质量是一个非常重要的前提，另一方面是培养学生学习物理的兴趣。学生有了学习物理的兴趣就有了动力，什么困难都能克服，就不愁学不好物理。一旦失去兴趣，强迫他坐在教室里听课、做作业，人在心不在，仍然学不好。从某种意义上说，兴趣有可能成为推动人们从事某项学习、工作的原动力，一旦失去了兴趣，也就失去了动力。兴趣对于一个人学习、事业成就的关系极大。我国著名美学家朱光潜先生说："趣味的作用不仅能帮人'消愁解闷'，而且使人到处都可以觉得人生新鲜、有趣，到处可以吸收维持和发展生命的活力。"

因此，它对每个人来说都是十分重要的感性因素。"人若是丧失趣味便会对生活不耐烦，那人虽然勉强生活，也不过是'行尸走肉'"。因此"趣味是生活的原动力，丧失掉趣味，生活就变得无意义"。国内外教育专家有这样一个共识："实施美育的重要意义就是应当有利于激发学生的创造性，活跃学生的思想，同时也应当创造有利于学生个性发展的和谐环境。"而传统的教育思想是老师讲，学生是被动接受的容器，这只会扼杀学生的创造性思维。现代教育思想的核心是确立学生是主体的观念，承认学生是学习主体，不只是多让学生动手、动口，更重要的是要把学生摆在主人的地位，让学生在积极的课堂氛围的激励下去发现、去创造。他们会发现教材、课堂情境的美，会创造他们心中的美，而且这种发现、创造的过程本身就是美。正如一位教育家所论述的："学生在课堂上不仅应掌握一定数量的知识，而且应努力通过学习材料表现自我。这就是展示自身力量的审美积极性的源头。"当学生的审美积极性被充分调动起来的时候，当学生处于发现和创造的审美氛围之中的时候，当学生自己用心去体验的时候，学生的知识就会得到迅速的充实，能力得到迅速的提高。因此，让物理课兴趣盎然是物理教学由传统走向现代化的必经之路。

四、培养学生高尚的情操，促进学生的全面发展

物理学科的教学与其他学科的教学一样既有传授科学知识的使命，又有教书育人，培养学生高尚道德品质的使命。在物理教学中实施美育，就可以把二者有机地融合在一起，也就是说，既能以美启真，开发学生智能，又能以美导善，陶冶净化学生的心灵。尽管物理深奥，但物理学家首先是一些普通的人，其普通性正是同学生之间的共性。鼓励学生阅读物理学家的传记，经常介绍一些科学家们探索与发现的经历，他们从人们视而不见的现象中发现真理的故事，以及通过坚持不懈的观察而发现真理的故事，了解他们是怎样从一个普通的、平凡的人成为物理学家、成为伟人的，他们在学生们的心灵中刻下座右铭同时，也使学生们明白物理并非只有物理学家才能研究。

　　四五岁还不大会说话的爱因斯坦曾被父母认为是"低能儿"。但是，当父亲拿一个小罗盘无论怎样拨弄和转动始终指向北方的磁针的现象使爱因斯坦目瞪口呆。唤起了这位未来科学家的好奇心——探索事物原委。这种神圣的好奇心，正是萌生科学的幼苗，但它并不是只有那些物理学家才有，它在每个人头脑中，等待着被唤醒。掉在牛顿头上的这个苹果，引发了牛顿深深的思索——为什么这个打中他脑袋的苹果会坠落到地上？正是从思考这一问题开始，他找到了这些问题的答案——万有引力理论。顶开了茶盖的蒸汽，使瓦特产生了疑问——蒸汽为什么会有这么大的力量？从对这个问题的质疑开始就决定了他最后改良蒸汽机。一个个我们几乎司空见惯的事件，对牛顿、瓦特来说却能引发思想的闪光点，这就是他们不同于常人的地方。

　　这些小故事看似与我们课堂要学习的知识无关，但它会启迪学生，通过美育陶冶学生的心灵，起到以形悦心、以情感人、以美引善、以美育人的作用，从而培养学生优良的道德。这一作用根源于美与善的辩证统一。美育与道德的善是一致的。美以善为前提，善是美的本源。善又是真与美的归宿和家园。美的情感和善的行为是道德的基础。更有益者，从这些物理学家的成功中，我们还会发掘出那些不同于自己的品质。事实证明，在物理教学中实施美育，就可以为学生开设出一条"富有诗意的、感情的和审美的清泉"，让学生受到美的洗礼与熏陶。

　　我们暂且不说物理学自身所蕴含的各种科学美，中学物理中就涉及上百名重要的物理学家。一部物理学发展史，从某种意义上说就是许许多多物理学家们追求美、探索真的历史，也是展示科学家们脚踏实地、不屈不挠坚持真理，视苦为乐的优秀品质。它具有极强的感染力和召唤力。求实是科学家美德的基础。搞科学事业，没有勇于探索、实事求是的精神是不会有作为的。意大利物理学家托里拆利在有名的导师卡斯特里身边工作。卡斯特里出版了一本有关流体力学的著作。托里拆利仔细读了导师的这部著作后，做了一系列的实验，逐个验证书中的重要结论。他发现书中关于流体从容器底部小孔流出的速度和小孔离液面高度成正比的结论和实验结果不符。他虽然十分热爱和尊重自己的导师，但并不盲从。他决定把自己的发现整理成文，公开发表，来纠正导师的这个学术错误。求实精神极强的卡斯特里看到这篇文章以后十分高兴。认定托里拆利有培养价值和发展前途，立即决定让他当自己的秘书。他们师生的求实精神一直被人们颂扬。"空谈无济于事，实验决定一切"，这句名言充分体现了物理学家的求实美德。坚持真理，为真理献身是许多物理学家的共同美德。在他们看来真理是神圣的，是人类的力量、世界的希望、光明的源泉。因此，科学家们不仅穷其毕生精力去探索真理，而且还用自己的血肉之躯去拨开笼罩在真理上的尘雾，甚至不惜牺牲生命去捍卫真理。欧洲中世纪，当可怕的无知和愚昧还在残害人们的时候，哥白尼的《天体运行论》一书，在茫茫黑夜中点燃了一盏真理的明灯。它告诉人们，地球只不过是一颗普通的昼夜围绕着太阳旋转的小行星，这让堂而皇之的神权邪说无处藏身。教会十分害怕这本书，到处搜索并将它放在广场烧毁。布鲁诺读了这本书后，激起了为科学真理献身的热情。他大胆发表自己的见解，猛烈抨击和嘲弄罗马教廷。这些行动遭到了宗教卫道士们的围攻，罗马教皇公开宣布他们是"异端分子"，被流放国外13年。可是他坚持不懈地宣传哥白尼的"日心说"，并进一步提出自己的关于宇宙无限的思想。他坚信，真理一定会战胜邪恶。罗马教皇视他为顽固不化的"魔鬼"，将他活活烧死在罗马鲜花广场。布鲁诺在火焰中高声呼喊："火并不能把我征服，未来的世界会了解我，知道我的价值。"坚韧不拔、以苦为乐、顽强不屈、与困难做斗争，这也是物理学家们另一种高贵品德。玻恩说："我一开始就觉得研究工作是很大的乐事。"在科学研究中，失败与挫折是不可避免的。贪图享受的人是不可能成就事业的。科学怪人卡文迪许为了搞科学研究把客厅改作实验室，在卧室的床边放了许多观察仪器，以便随时观察天象。他活到老，做到老，逝世前夜还在做实验。

　　无论哪一套中学物理教材，都涉及近百名中外著名的物理学家。这些物理学家虽然国籍不同，所处年代不同，各人经历不同，但他们都充分体现出为追求科学真理而不懈努力的美德。他们生平的事迹，尤其是不怕挫折的拼搏精神，爱国奉献的敬业精神和相互协作的精神都是一部绝好的美育教材，都能激起学生心灵的震动。教学过程中若能把物理学家勇于探索、实事求是的科学精神，以苦为乐、顽强拼搏的不屈精神，只图贡献、不求索取的奉献精神，坚持真理并捍卫真理不怕牺牲的奉献精神等生动事例穿插讲授，定能使学生深受感染，进而学习物理学家的这种崇高的精神风貌与美德。这无疑是最理想、最成功的情感教育。物理教育就是要激发学生的爱美本性，像科学家那样，把追随真、善、美作为生活的理想，扬起生命的风帆，去追求美、表现美、创造美。通过物理学美的内容和教育方法，陶冶学生爱美的情操，逐步净化他们的心灵，引导他们做一个身心健康、全面发展的人。

第四节 "提升"物理教学中美育

物理学是一门闪耀着美和光辉的学科，它的美体现在物理学理论的内容和形式上，也体现在对物理学研究的过程中。但是，这样一门充满魅力的学科，在目前的中学教育阶段，并没有引起中学生对她应有的热爱和向往。对许多学生而言，不仅感受不到物理学之美，而且觉得她晦涩、使人望而却步。带着这样一种情感去学习物理，又如何能体会到学习的乐趣并欣赏物理学的美呢？产生这种现象的原因，一方面是学生对物理理论的理解比较片面，更重要的是教师在教学过程中一味追求对物理学基本概念和基本规律的理解，忽视了对学生进行科学美育。即使少数教师尝试去做了，但也基本停留在浅尝辄止的水平。总体说来，中学物理教学中的科学美育情况是不能令人满意的。用科学美熏陶学生，使他们在对真、善、美的追求中产生对大自然和科学由衷热爱，并随着学习的不断深入使这种情感不断升华，进而成长为一个既有较高的科学素养，又有一定审美能力的、和谐发展的健全人才，是贯穿物理教学始终的重要任务。那么，如何使我们的物理教学对学生有效地进行科学美育呢？我们从以下几个方面讨论这个问题。

一、展示物理学的科学之美，让学生认识到物理学的美

在物理教学中对学生进行美育，首先使学生感知物理学所蕴含的美。因此，向学生展示物理美学的特征，让学生发现并认识到物理学不是枯燥的公式和定律的集合，而是闪烁着美的、人类精神文明宝库中的瑰宝，使他们在物理学习中能够感受到美的愉悦，这是对他们进行科学美育的首要环节。

综上所述，物理美学特征既体现在物理知识的内容、形式及体系上，也体现在物理学研究的思想方法上，还体现在物理学家在探索科学真理时所表现出的科学精神上，这些都鲜明地反映在中学物理教学的内容中。物理概念、规

律的表达体现了物理学的简单美：牛顿三定律和万有引力定律，以极其简单的形式将一切机械运动所遵循的规律完整地描述出来；宏观、低速条件下无论气体做怎样的变化，热力学中的理想气体状态方程将它们的运动规律完全概括出来；电磁学中的全电路欧姆定律极为简洁地描述了全电路中电源电动势与电阻和电流的关系；描述波粒二象性的两个极简单的公式将光和微观粒子的波动性和粒子性和谐地统一起来；而爱因斯坦的质能关系式则再简明不过地将自然界中普遍遵守的能量守恒和质量守恒的规律表达出来……这些简单之美令人叹为观止。

除了简单美之外，物理运动中所表现出的和谐之美也比比皆是：力学中物体做斜抛运动时，其轨迹所呈现的时空对称性；热学中大量分子做无规则热运动所表现出的宏观可测性；电磁学中的引力与斥力；光学中的干涉与衍射所形成的光强在空间的周期分布等，无不体现出物理学的和谐之美。

其次，物理学的思想方法也极为深刻地体现了物理学的科学美。电力线、磁感应线、光线、质点、无质量轻绳、光滑平面、理想气体等理想模型，伽利略的理想斜面实验等，它们构思的巧妙、方法的简洁无不让人感受到物理学的至美。同样，物理学家在从事科学研究的过程中所体现出的科学精神和人性之美也强烈地震撼人们的心弦。阿基米德、伽利略、牛顿、法拉第、焦耳、麦克斯韦、居里夫人、爱因斯坦这一串闪光的名字连同他们在科学探索中体现出的严谨求实、勇于献身、大胆怀疑、不断创新的精神更是以无与伦比的美照亮世代人的心田。毫不夸张地说，物理学中处处是美，关键在于教师能否在教学中很好地向学生展示。

二、营造审美化的学习环境，让学生受到美的感染与熏陶

在人与环境的关系问题上，马克思早就告诉我们："人创造环境，同样环境也创造人。"首先是"人创造环境"，环境是由人创造出来的。同时，环境一旦被创造出来后，就成为人活动的舞台，每个人的成长与发展都不可避免地受到环境的制约与影响。"环境创造了人"，而且它对人的影响也很大。

在物理教学中渗透美育，帮助学生学好物理，我们就应该先为学生营造出一个具有很强的审美氛围和学习物理的良好环境。这一个环境既包括物质环境

（主要指教室、物理实验室、物理课外活动室的设备、设施等物质因素），又包括精神环境（主要指审美化的和谐的师生关系、学风等人文因素）。一个良好的学习环境为师生提供了一个在审美氛围中进行教与学的活动空间。它像一部立体的、多彩的、富有魅力的教科书，用无声的语言教学，是相对于课堂开设的"显性课程"而言的一种"隐性课程"。它潜移默化地对学生进行着审美的熏陶与塑造，具有极大的审美功能。

如何营造出这种审美化的学习环境？应注意什么呢？一是坚持实用与审美相结合的原则。要按照实用、经济、美观、和谐统一的原则，对学生教室、物理实验室、物理课外活动室的设施和环境做整体的布局与安排，尽可能渗透一些审美因素。比如在绿化的基础上，在校园内建造几座大型的、世界著名的、大科学家、艺术家、思想家的标志性雕塑，让它永远放射真善美的光彩，鼓舞师生奋发、求知、探索。又如在学校实验大楼科学馆、教学楼每个楼层设置各类宣传橱窗。如"向科学进军之窗"展示反映现代科学成果的图片；"科普之窗"展示一些模型、仪器、图片以及学生的小发明、小创造等宣传科普常识；"优秀作业园地"展示学生优秀的物理作业、实验报告；"艺术之窗"展示学生优秀的绘画、摄影、书法等艺术作品。还可在教室、物理实验室、科学馆、图书馆等学生主要活动场所张贴一些爱因斯坦、牛顿、爱迪生等物理学家、发明家的大型画像与精辟格言等。这些楼道走廊，不仅是学生课外活动的场所，也是扩大学生视野、展示自身才能、欣赏科学美与艺术美的审美园地，从而使教育、教学活动得以延伸。

我们生活的整个环境中充满了物理现象，物理学存在于物理学家的身边，物理学同样也存在于每一个人的身边。学习了物理，就会用物理的眼光去观察周围的一切，并积极地进行思维活动。教师就是要鼓励学生平时多观察、多思考。一年四季有气候的变化，抛出去的物体最终会落向地面，太阳每天都东升西落，行驶的汽车转弯时，车里的乘客就会向一侧倾倒，对着镜子就会知道自己长成什么模样等现象都发生在我们周围，司空见惯。有些现象学生自从学了物理学以后就可以自己解释，有些现象就目前的知识力量还不能进行解释，这就会激发学生进一步学习和求知的欲望。不管怎样，学生都要随时随地培养自己观察物理现象的习惯和兴趣，树立科学求知意识，教师在其中要起到引导作用。教师还可以利用课外时间鼓励学生自己动手制作一些小仪器，做一些小实验。学生每制作小仪器、做一个小实验都要先去思考应该需要哪些材料，对于材料还要进行选择。自己制作的东西还会给自己带来很大的喜悦和自豪，比如做成功了的浮沉子，可以在家人面前表演水中小瓶子的上浮和下沉。在制作过程中也会遇到一些问题，他们可以通过实际的操作把一些问题解决掉，也可以通过同学之间相互讨论来解决，当然也可以通过网络或询问老师等方式来解决，不管怎样都会有很大收获。

三、精心组织审美化课堂教学，让学生轻松、愉快地学到知识

众所周知，课堂教学是学校教育的主渠道，当然也是渗透美育，实施美育的主渠道。因此一定要按照美的规律精心设计、精心组织，把物理学作为科学诗来教。只有这样，教师走上讲台才会充满对美追求、探索的激情，才会道出物理学如诗如画的意境，并自然而然地开凿出条条美育的清渠。如何向学生展示物理学的美学特征是一个值得探讨的问题。如果方法得当，就会使学生在潜移默化中受到美的熏陶，进而产生对美的向往与追求，与此同时对物理学习将产生巨大的推动力。反之，如果做法不得体，生拉硬拽只会引起学生反感，甚至影响学生的学习积极性。可见，创设良好的审美情境，是物理教学中进行科学美育的关键环节。

在课堂创设某种情境、某种氛围可以让学生在老师指导下通过自己动手、动脑去"发现"物理学的某一结论，独立去解决某一问题，就会从根本上克服注入式教学方法中的老师讲书、学生背书、最后考书的弊端。在这个过程中，学生不但为获得知识而喜悦，更为自己有能力发现这一知识而信心倍增。同学们在愉快的气氛中获得了知识，并且为自己能发现知识而倍受鼓舞。尝试、发现的方法可以创设一个审美情趣的课堂情境，有利于对学生创造思维的培养，有利于学生身心的健康发展。学生在日常生活中，观察和接触了许多物理现象和应用物理知识的事例。善于恰当地利用学生已有的生活经验创设良好的物理情境。例如，在摩擦力教学中我首先问学生"我们行走时，什么力充当了动力？这个力可以为零么？如果地面无限光滑，那将会是一种什么样的情况呢？"学生顿时活跃起来，这对学生进一步探究摩擦力的性质创设了一个良好

的物理情境。在学习物理的过程中，要形成物理概念和认识物理规律，必须要有一定的感性认识。

物理实验是提供感性认识的一个重要途径。实验能培养学生学习物理的兴趣，激发学生的求知欲。当学生对物理产生浓厚的兴趣时，他们的学习欲望强烈，学习中会感到轻松而愉快，从而有利于形成主动的、正确的学习方法，不断从体会"发现"与战胜困难中获得成功的喜悦，学生学习好物理的信心就会越来越强。例如，我在教学中利用演示实验创设物理情境。在讲"电磁感应"时，我先在讲桌上调试好实验装置，然后请一名同学上台演示，同学们在大屏幕上观察实验现象。许多同学将会对现象产生疑问，从而产生了要解决这些疑问的强烈愿望，良好的物理情境就形成了。物理教材中有着丰富的物理学史内容，它的价值和功能远在其内容之外。恰当、灵活地在教学过程中运用这些史料，渗透物理学史教育。不仅要让学生学习科学家们艰苦奋斗的工作作风和严谨求实的科学态度，而且要让他们领略到物理学家们研究问题的科学方法和思维方法。更重要的是可以在课堂上创设一个良好的情境。例如，在讲"引力常量的测定"时，我首先介绍了伟大的物理学家卡文迪许的人生经历，这位伟大的科学家将大部分遗产捐赠给英国剑桥大学，剑桥大学利用这笔捐赠建立了卡文迪许实验室，这个实验室培养了多位获得诺贝尔物理学奖的科学家。当讲到这里时，教室里异常安静，同学们的目光中流露出对这位伟大科学家的崇敬之情。

四、通过实验演示展示出物理实验多姿多彩的美

物理实验是物理学家发展物理科学、探索物理学种种奥妙的一种重要途径与手段。同时，物理实验也是物理教学中向学生展示物理科学美的一种常见的方法与手段。从物理学发展的历史来看，许多成功的物理实验解决了物理学领域一个又一个难题，揭示出了物理学科的许多真理，大大促进了物理科学的发展。

被誉为实验物理学创始人的伽利略是研究匀变速运动的物理学家。他所处的时代、技术比较落后，通过直接测定即时速度来验证一个物体是否做匀速运动是不可能的。但是他应用数学方法得出结论。然后设计一个美妙的实验对结

论进行验证。在他写的《两种新科学的对话》一书中说："像这样的实验，我们重复了整整一百次，结果总是经过的距离与时间成平方比例……"后来许多人重做了他的实验，都证实了他的结论正确。伽利略的这种从假说出发、经过推理、得出结论，再用实验检验结论是否正确的研究方法，对于后来的科学研究，具有启蒙作用。他开创了物理学新的研究方法，充分展现了物理实验的新奇美和创造美。

在很长一段时间里，人们一直认为光的传播不需要时间。直到17世纪，物理学家才开始尝试测定光的速度。早先物理学家测定光速，必须利用很大的距离，用精巧的办法准确地测出很短的时间间隔，得到的结果误差较大，后来迈克尔逊设计了一个十分巧妙的实验，非常准确地测出了光的速度。他选择了两个山峰，测出两山峰间的距离。在第一个山峰上安装一个强光源和一个正八面棱镜及一个望远镜，在另一个山峰上安装一面凹镜和一个平面反射镜。通过调节正八面棱镜的转速测定光速。爱因斯坦称赞这一实验的优美和方法的精湛时说："迈克尔逊是科学的艺术家。"是的，他的实验的装置和方法是美的。他使用的仪器是普通的，原理是众所周知的，然而得到的结果却是完美的。他后来又利用干涉仪做了一个更美妙的实验，从而否定了"以太"的存在，为相对论和量子力学的建立奠定了基础，进而促进了新技术革命和产业革命的到来。物理实验创造了人类美好的未来。

在物理教学中，演示实验的作用同样也是极大的。古人云："百闻不如一见。"这虽然是指社会观察，但物理教学又何尝不是如此。可以毫不夸张地说，演示实验是物理教学最具特色的学科教学语言的表达形式。教师精心选择、巧妙构思的课堂演示实验与在课堂上一丝不苟地去操作完成全过程让学生目睹物理实验展示出来的美，是物理审美化课堂教学的一个重要方面。演示实验能以其生动的魅力和丰富的内涵激发学生的学习热情，提升学生学习物理的兴趣，对学生理解物理概念和规律，培养学生观察和分析的能力、收集和处理信息的能力，在培养学生的优良思维品质和创新能力等方面发挥着独特的功能和作用。教学中应安排好演示实验使教学效果恰到好处。

所以，在课堂教学中，为了充分挖掘学生的创造潜能，实验前可先设计问题，让学生进行猜测、探究，然后进行实验检验、分析、讨论，最后得出结

论。把由教师为主体的教学模式变学生为主体、教师为主导的师生合作的教学
模式，从而提高课堂教学效率。或者结合研究性学习，由学生主要操作的实
验，教师配合学生完成实验。这种方式所产生的效果与传统教学的情形就大不
一样。在课堂教学中，教师应不时地指导学生的实验，使教学在轻松、愉悦、
有效的氛围中开展下去。

在罗马时期的雕塑中，思想者都是身体健康强壮的形象。

体育中蕴含着生命之美。

在欧美发达国家，对于体育的重视远远超出中国。

在中国中小学教学中，体育课日益受到重视。

在体育教学中领悟美才是真正懂得体育之于生命的意义所在。

第八章

美育的渗透：体育学科

第一节　体育美映射着美育的本源

体育美是体育领域里丰富多彩的美的总称。

体育中存在着大量美的现象。

体育美是普遍存在的。

一、体育美关联人的本身

体育美的根源存在于人类的社会实践中。体育美是一种社会现象，它是社会历史发展的产物，它受到人类社会生活的制约，它随着社会历史的不断发展而不断发展。马克思在《1844年经济学——哲学手稿》中提出了两个重要的美学命题："劳动创造了美"和"人在他所创造的世界中直观自身"，并由此揭示了"人的本质力量对象化的感性显现"这一美的本质。那么，什么是人的"本质力量"呢？马克思曾说："人以一种全面的方式，也就是说，作为一个完整的人把自己全面的本质据为己有。"这里说的"完整的人"，是指身心健全的人；这里说的"全面的本质"是马克思解释的"视觉、听觉、嗅觉、味觉、触觉、思维、直观、感觉、愿望、活动、爱"等，其中包括五官感觉在内的，人的肉体和精神的社会性功能，人的体力和脑力的总和。马克思又提出"人的本质在其现实性上是一切社会关系的总和"的思想。可见，人的本质是一个社会的概念，它是就整个人类来说的，因而，人的本质力量的表现应是人类本质力量所达到的高度，是人类社会发展积淀的成果。所谓"对象化"，马克思概括地说："对象成了他本身。"马克思揭示了人与现实的关系是一种积极实践的关系。也就是说，正是通过实践，人的本质力量才不断从自身外化，又不断向对象转移，最终在对象中凝结。由此，人的本质力量迸发了、显示了、实现了、确证了。正如马克思所说："劳动物化了，而对象被加工了，在劳动者方面曾以动的形式表现出来的东西，现在在产品方面作为静的属性，从已存在的形式中表现出来。"在这个过程中，把自然人化了，这种人化包括两个方面：①外在自然的人化，它使人化了的自然获得了美的属性；②内在自然的人化，它使人的器官变成"有音乐感的耳朵""能感受形式美的眼睛"，从而获得审美的能力。

体育美是反映人与体育的审美关系。体育美的本质是人的本质力量在体育运动实践这个特定领域中的对象化。由于体育美是以人为对象，以人体运动为主要表现的手段，因此，可以说体育美是人的本质力量在自身的直接展示，是人的本质力量在自身的"复现"和"确证"。

二、体育美映照着美的属性

体育美的本质表现为某种现象构成审美属性，进而成为审美对象。所谓体育美的基本特征是指那些足以显露体育美的本质现象（审美属性、审美对象）的共同的、稳定的特性。体育美的本质决定了它具有形象性、感染性、愉悦性、创造性等基本特征。

1. 体育美的形象性

体育美具有形象性，体育美是一种具体的、能被人的感觉器官感受到的、有一定观赏价值的形象，而绝非一般抽象的概念。凡是人感觉不到的东西，对美感来说就不存在。抽象概念无论如何也不会引起人们的美感，因为概念只有正误之分，而无美丑可言。形象性是一切美的最根本的特征，没有形象就不称其为美，美寓于形象之中。我们对美的欣赏和感觉不管通过什么方法和途径，首先是通过对美的形象的感知入手，只有通过感官直接感觉具体的形象，我们才能进一步获得美的享受。例如，泰山这个词对于一个对泰山一无所知的人来说只是一个抽象概念，他不会觉得泰山美。但对于一个登临泰山的人来说就大不一样了。"高矣、极矣、大矣、特矣、壮矣、赫矣、骇矣、惑矣"这是汉武帝对泰山的壮美而发出的赞叹，这时的泰山是实实在在耸立在汉武帝眼前的一座雄伟峻美的高山，汉武帝的赞美之词就是为它而发，而绝非是他在深宫内院从书中知晓泰山一词时的赞语。体育美也是如此，人体美要通过人的和谐、均匀的体型、正确的姿态、有力而富有弹性的肌肉、红润的肤色等表现出来。技术美要通过不同项目的各种具体的技术动作表现出来。如篮球的美要通过跑动、传球、接球、运球、投篮等一系列协调、优美的技术表现出来；田径中跳跃项目的美也要通过助跑、起跳、腾空与落地等技术表现出来；花样游泳、体操等运动项目的美也要通过运动员运用各种技巧表现出来……总之，体育美是具体的、生动的、形象的，离开了具体可感的形象，就不是人本质力量的感性显现了，也就再无美可言。

黑格尔曾经说过："美只能在形象中见出，因为只有形象才是美的外在的显现。"美作为人的本质力量对象化，即内容与形式对立统一，都是以一种具体可感的形象呈现出来。形象在形式上是客观事物的感性显现，在内容上是人的本质力量的反映，这样的形象才能使人感受到美的愉悦。如果客观事物的感性显现无法反映主体的本质力量，如果没有主体的本质力量，客观事物的感性显现也就没有了意义和价值。只有形式和内容完美地结合，即主体的本质力量得以感性的显现在客观形象上，才能引起主体意识的同构反映，并从人的心理影响到人的生理产生具有心理和生理效应的情感愉悦。我国著名美学家宗白华说："形象不是形式，而是形式和内容的统一，形式中每一点、线、色、形、音、韵都表现着内容、情感、价值。"我们说体育美具有形象性的特征，但不能把形象性的特征仅仅看作是一个纯粹的形式问题，或看作是协调、节奏、和谐等形式因素的组合。人类任何的社会实践活动，包括精神层面和物质层面都是具体而鲜活的，所以，想要在具体的实践活动中体现美，那只有做到对真的追求和对善的理解。因此，体育美育艺术的形象，不仅具体可感，而且是渗透着运动者的审美理想、主观感情创造出来的具有一定感染力的形象，是内容和形式相统一的形象。

2. 体育美的感染性

所谓感染性，指的是体育美具有一种能诉诸人的情感而产生感染力的特征。美的感染性是由美的形象所引发的。因为形象是唤起人的情感体验的一个必要前提和基础。美不是直接诉诸人的理智，而是诉诸人的感官而引发的情感，这就是我们常说的以情动人。只要是美的事物，就能激发人的情感，使人们在精神上得到很大的愉悦和满足。奥运赛场上，当中国运动员奋勇拼搏，用完美的表现夺得金牌的时候，体育的美就激起了人们心灵的震撼，使人们感到无比自豪，产生一种勃勃向上的情绪。这是因为，只有当一件事物反映了人的本质力量，才能够使人联想起他的生活，才能引起人们的爱慕喜悦之情，才具有感染力，体育美正是这样展现出来的。体育美具有感染性，表面上看它是单纯由形式所引发的，实际上，它主要是由其内容引起的，是由于其内容中显示出人的本质力量。体育是以人自身为对象，是人的本质力量在自身的体现。因此，体育就像一面镜子，它能使人们看到人类自身自由创造出的智慧和才能，产生丰富的情感体验。情感性是体育美的生命和灵魂，教师应该把每名学生都看作活生生的人，尊重、爱护并帮助他们，用真情实感去感染他们，用温柔的情感抚摸他们的心灵，并将体育知识、技术、技能的传授与情感和艺术表达和谐统一，这样就可以使学生具有很强的学习动机，使他们获得极佳的教育效果。体育教师与学生的这种情感交流是在潜移默化中完成的，其中，教师处于主导地位，他的行为、态度都影响着师生间的情感交流。体育教学中，教师和蔼、亲切、举止大方、精力充沛、语言幽默、示范自信等这些都会促进师生间的情感交流。但是，如果教师语言冷淡、表情僵硬、精神萎靡，那么这会阻碍教师和学生之间的情感沟通，使学生很容易失去对课堂的兴趣或对教师产生不满情绪，进而影响学生学习的兴趣。

3. 体育美的愉悦性

所谓愉悦性，就是无论是在体育课堂还是业余体育运动中，人们自始至终都能融入他们共创的欢乐、喜悦、和谐的情感氛围中，并从中受到潜移默化的影响。这种愉悦性是由体育运动本身的娱乐性和趣味性所决定的。正如车尔尼雪夫斯基所形容的："美的事物给人的真切感觉，是类似我们当着亲爱的人面前时所洋溢于我们心中的那种愉悦。我们无私地爱美，我们欣赏它，喜欢它，如同喜欢我们亲爱的人一样。"一切情感态度的生发，都是主体对客体对象情感体验的结果，它取决于客体对象是否具有美的价值属性和审美主体的审美理想、审美趣味的高低。可见，并非所有具体可感的形象都是美的，艺术创作中的情感表现并非在任何时间序列和空间范围内都能引起主体的情感共鸣，只有那些从内容到形式都充分显示了人的本质力量，从客体对象的感性形象上观照自身才能引起情感共鸣。马克思说："忧心忡忡的穷人甚至对最美丽的景色都没有什么感觉。"先秦时期思想家荀子也说过类似的话："心忧恐，则口衔刍豢而不知其味，耳听钟鼓而不知其声，目视黼黻而不知其状……"由此可见，主体的理想、观念、趣味乃至心境、情绪都制约着它对客体对象的审美感受。体育美的愉悦性是对体育运动本质和体育内涵的全面理解。体育教学除了要注重锻炼学生身体，使学生掌握基本的体育知识、技术、技能，促进学生的健康外，更应该注重其在整个教育教学美育，使学生得到体育美的感染，在体育活动中感到愉快等。所以，教师在课堂中，应有意识地运用各种教学手段，把学生的学习状态调整到最佳，并尽力使他们一直保持愉悦的心情，因为只有学生身心都被调动到最佳状态，学生的感知与领悟等能力才能得到充分的发挥，这时，学生会产生强烈的学习动机，主动把苦学变为乐学，这样就能最大限度地发挥学生学习的主动性与积极性，真正做到寓教于乐、寓理于情、以情导教。

4. 体育美的自由创造性

自由创造性也是体育美的特征之一。体育中的任何自由的创造都具有美学特征。我国美学家刘晓波说过："美的永恒价值不在于理性的、社会的积淀，而在于美作为一个开放而具有无限可能性的、永远指向生命本身的、活的有机体，能够不断地唤醒在理性法则、社会规范之中沉睡的感性个体生命，为人的自由开辟通向未来的道路。"体育美的本质是人的本质力量在自身的对象化，是人的本质力量在体育运动实践中的感性显现，是体育运动实践的产物，而不是主观精神的外射。因此，体育美符合当代的社会历史和体育运动实践发展的需要，它的存在具有合理性，因而体育美总是与社会的进步、体育运动的发展相联系，与社会发展规律相一致。它反映了一种积极的、进步的、肯定的趋势。苏霍姆林斯基说："没有一条富有诗意的情感和审美的清泉，就不可能有学生全面的智力发展。学生思维的天性本身就要求富有诗意的创造性。美与活生生的思维如同太阳和花儿一样，有机地联系在一起。富有诗意的创造开始于美的幻想……唤醒创造性思维，以独特的体验充实着语言。"正是在这种自由创造美的意境中，才使学生感受到主体与客体之间的融洽与和谐，在整个教育教学中，使学生摆脱一切压抑和限制，让他们感受到自由，使学生在课堂中，把掌握真与实现善的本质力量发挥出来，在体育活动中通过具体可感的身体动作表现出来，这样，体育美育就具有了合规律性与合目的性相统一，这样的体育也具有了美育的价值。

第二节 体育美肩负着美育的价值

体育美育价值——以美启真、以美扬善。真、善、美是人类智慧的结晶，人们天性就对真、善、美有无限的渴望，而且人类社会的进步、发展的根本价值和潜在动因都是真、善、美。体育美育对于真、善、美的需要也是一种内在的诉求，在体育教学中，只有以"美"为纽带，确立起"以美启真"与"以美扬善"以及两者的统一价值，体育美育才会显示出它的育人价值。

一、以美启真

所谓"真"，就是客观真理，具体到体育美育中就是通过人类体育实践总结出科学的知识、合理的技术和高超的技能。体育美育中的"以美启真"指的是体育教师遵循美学、美育规律与学生对体育知识的认知规律。可以通过以下方式实现：

1. 多种多样的体育运动形式和各种各样的手段方法

深入挖掘体育教学活动中美的因素，让学生感受到体育中优美感、崇高感、倾慕感、景仰感与欣慰感等各种美的体验，从而提高学生的审美意识，使广泛的审美性成为学生掌握基本知识、基本技术与基本技能的先导，使学生在美感中掌握体育知识、技术与技能。美能启迪人的智慧，激发追求真理的热情。正所谓"知之者不如好之者，好之者不如乐知者"，列宁也说："没有人的感情，就从来没有也不可能有人对于真理的追求。"

2. 对教学内容精心地挑选和组合

教学程序的巧妙设计，是把教育内容置于体育文化的历史长河之中，使学生得到美的熏陶和观照，使教育的内容转变成审美对象，这样就可以多方面地展现出美的因素，使学生的身体和精神得到更好的发展。

从美的本质来看，美与真是有区别的，但美与真又是紧密相连的，并不是彼此对立的。真是美的主要构成基础，而美则是对真的包容与质的升华，美对人类的认识具有可贵的暗示、启迪功能。正如海森堡所说："美是真理的光辉、自由的万能形式。"体育中许多知识与技能是不能用语言表达出来的，只能用理智与直观表达，即通过美感受和发现它。所以，体育教学中存在大量的审美因素，而这些审美因素有些是外显的，有些则需要我们深入挖掘，这些审美因素可以帮助学生学习体育知识、技术和技能，它将引导学生更轻松、更自由、更全面，甚至是在更高的层次上学习。正是这种符合规律性与目的性相互撞击而产生和谐的奏鸣曲。

在体育美育中，"以美启真"的价值体现在以下几点。

（1）利用体育美育活动中大量的审美因素，激发学生认知的内部动机和学习的兴趣。美的事物具有可以引起人们向往和追求的强烈愿望的神奇力量，无论什么事物，只要与美联系起来都会引起主体的兴趣。而主体对美的感受可以被引入生活和实践的其他方面，甚至是全部，这正是因为事物给主体美的感受积累起来的体验是可以迁移的。体育教学中，体育美的因素可以激发学生良好的学习内部动机，从而产生强烈的学习兴趣，为学生学习体育知识，掌握技术、技能提供良好的动机背景。这里所说的美的因素不只单纯指体育活动本身的美，而且还包括学生对教师、对教学环境、对教学过程等其他因素的美的感受。教师在进行体育美育的过程中，首先要注意的是如何用美来激发学生的学习动机，因为学生对教育教学过程中多种多样美的感受和体验是他们产生学习兴趣的催化剂。催化剂含量越高，学生学习的动机就越强烈。

（2）借助蕴涵于体育美育过程中的各种审美活动来发展学生从事学习活动所必需的多种心理能力。审美活动是人各种心理因素积极、全面参与的过程，它离不开感知、想象和理解，它联合了精神的兴奋和身体感官的承受能力。所以，人们在享受美带来的体验时会刺激想象、思维等心理能力。人经常进行审美活动，会增强人的各种心理能力，并把心理能力导向一种更高的层次和境界，最终建立起非常完备的心理结构。这种由多种心理能力不断完善和发展而建立起来的协调的心理结构，不但可以满足一般审美活动的要求，而且是从事一般活动，尤其是创造性的认识活动所需要的最佳心理状态。教师必须充分发挥体育美育中的审美因素来促进学生多种心理能力的协调发展，用美的丰富性和自由性激发学生某些潜在的或是被不正确的教育方式所压抑了的心理能力，只有这样学生才能利用这种完备的心理结构更好地完成认知活动。

（3）在适当的条件下，让审美因素成为学生掌握真理的特殊工具。"以美启真"就是让教师对教材内容、教学过程、教学环境中的美进行深入挖掘，让学生了解体育美，感受体育美，创造体育美，从而建立一种具有丰富情感的审美教学方式。使学生的审美心理和教学内容同质同构，让学生在美的感受和创造中学习体育知识，掌握体育技术、技能，进而使他们得到全面、自由、和谐地发展。人类的实践活动表明，美的因素可以帮助人们理解、认识客观世界，也可以影响人的各种行为。教师应该充分利用体育美育教学活动中存在的大量美的因素来提高学生学习的兴趣和效率。正如苏霍姆林斯基所说："对于青少年来说，美的活跃的思想犹如阳光和花朵那样有机地联系着。那些潜入到学生掌握知识过程中的大量的美的因素，必然会使学生透过美而更深刻地求得真，成为学生把握知识的特殊工具，并在不断地暗示中，有效地改善学生学习活动的方式。"

在体育美育教学活动中，有机地实施上述三个方面，"以美启真"就会凸显出它的育人价值，通过丰富的体育审美因素可以激发学生学习的兴趣和愿望，也可以指导他们如何去进行学习。

二、以美扬善

所谓"善"是指人们评判道德行为的范畴，是调整人与人之间以及个人和社会之间的关系的行为规范的总和。体育活动中包含许多"善"的因素，其中竞争精神、规则意识、合作精神、责任感、意志品质等特质可以潜移默化帮助学生建立正确的道德观和世界观。体育美育中的"以美扬善"是指教师在教育教学过程中，积极创造并利用体育运动中的审美因素来培养学生正确的世界观，陶冶学生崇高的道德情操，养成良好的社会适应能力，促进其人格的完善。在体育活动中，有许多和社会生活相似的情景，教师应该利用这些情景让学生进一步认识体育中的美不仅仅是快乐、成功，有些时候也需要面对挫折和失败，正确认识挫折和失败，并战胜他们最后取得成功才是更高层次的美。"以美扬善"强调的是感官、心灵以及人格对客体的观照、领悟的愉快，是自由的情感交流和创造，它在潜移默化的状态中实现情感的陶冶和心灵的塑造。恰恰是这种自由动情的教育状态才在感性趋向理性、理性回复感性的互动中给予美育强大的推动力。

"以美扬善"是利用美与善的相互作用和统一的关系。在美与善的相互作用中，利用体育美的因素培养学生正确的道德观念、良好的社会适应能力和完美的人格。伦理道德问题本身就存在美的因素，再把这些美的因素融入美的教育形式中，就能直接唤起学生对道德的认识，体育活动中的美不仅能提高学生的道德认识，唤起学生的道德情感，更为重要的是能潜移默化地影响学生的道德行为。所以，体育活动中存在的审美关系本身就具有伦理道德的意味。从审美心理的角度来看，"以美扬善"是靠审美感与道德感作为信息通道把学生的审美心理结构和人格心理结构联系起来实现的。审美感推动着学生的人格构建，因为学生通过参加体育活动而感受到体育美，他们的情感随之也被激发，构成美好的形式，而这种情感的美好形式会对学生的行为起到规范的作用，而这种规范的行为就是道德行为。在欣赏、创造体育美的时候，学生的各种心理因素都被积极、有效地调动起来，形成一种良好的心理氛围，而对事物的感受会进入一种自由的境界。学生一旦长时间处于这种良好的精神氛围中，这种对美的感受就会积淀下来，形成一种稳定的心理状态，对他接触的任何事物都有审美的态度。而与客观世界发生联系时，都会不知不觉地强化社会性的情感，变外在的行为规范为主体自身的道德需求。一个人所实践的是他所认同的东西，一个人所追求的更是他所相信的东西，人的主体精神、道德思维、道德判断能力也就相应地得到发展和升华，从而实现意志选择的自由和人与人之间关系的和谐。

"以美扬善"就是以体育美所激发的情感为中介，将审美心理结构与道德、人格心理结构相联系，并利用这种联系陶冶学生的情操，塑造学生完美的人格。正如苏霍姆林斯基所说："美是一种心灵的体操——它使我们的精神正直、心地纯洁、情感和信念端正。"在任何情况下，只要学生感受到、欣赏到美，他们的精神世界就与美展开积极的交流。

在体育美育中，"以美扬善"的价值实现体现在以下几点。

1. 借助丰富的审美因素来改善体育中的束缚性和强迫性，增加其自由性和活力，从而使学生乐于自愿地接受正确的行为规范，树立正确的世界观。在长期的实践中，体育忽视了对正确的行为规范和世界观的培养，它或是通过灌输形式来进行，带有过多的强制性，学生很难在认识活动中做出细腻的情感反应。因此，在引导学生认识正确的行为规范和世界观时，必须同时引导他们从情感——美感的角度来进行的细致体验。体育美育的内容具有很强的实践性和直观性，学生在实践中认识社会规范，明确自己的社会角色、社会意识、社会责任和社会义务，从而为学生建立良好的、正确的行为规范和世界观提供更为广阔的空间和可能，使他们明确道德认识的方向，使体育教学中对学生行为、道德意识的培养，变为对自由意志的培养，这样的体育就具有了"以美扬善"的美学意味。

2. 利用体育美育课程与教学中的审美氛围来激发学生对学习和生活的热爱，从而树立美好的生活理想。学生在学习活动中所获得的审美性的情感体验将有助于他们不知不觉地产生与教育目标相一致的、积极的学习态度。而这种积极、乐观的态度又将必然地影响到他们对生活和工作的态度，帮助他们确立美好的生活理想，使他们的生活目标变得更加高尚这一愿望成为我们不断努力的方向。因此，教师应当努力创造出一种审美的氛围，以此来陶冶学生的生活情趣，促进他们形成远大高尚的生活目标。孔子曾感叹道："吾未见好德如好色者也"，他认为用审美的态度来进行评价活动，从而能使人们的心灵得到净化，人格得到提升。

3. 教师要充分地运用自由动情美的教育形式来促进学生的个性发展与人格完善。在体育美育活动中，不当的教育方式非但不能促进学生的个性成长，反而会给学生的个性成长带来压制，而对美的感受，尤其是使学生在学习过程中得到深刻的美的体验，是保证学生个性积极发展的重要前提。正如黑格尔所指出的："审美带有令人解放的性质。"美的教育形式借助于融合着理性的审美感与道德感相联结，把道德规范转化为自律，进而推动学生在实践中实现一种主动积极的行为，从而化解道德理性与个体感性矛盾引起的焦虑和不安，使个体行为中感性冲动的盲目性得以净化，走向理性自觉，又使行为中理性冲动的强制性得以弱化，趋向感性自由。马斯洛认为："人自身越完美，他知觉的世界就越完美，而人知觉到的世界越完美，世界就会变得越完美，因为二者是一种相互促进的能动关系。"这正是对美、善互扬的深刻表达。

第三节　体育美践行着美的真谛

一、加强体育教师的审美修养

在体育审美教育的过程中，体育教师是关键的、能动的因素。无论是体育审美能力的形成与升级，还是体育教学内容的真和善向美的转换与生成，体育教师都在其中起着至关重要的作用。体育审美教育的过程只有在体育教师创造性的引导、指挥、协调下，才能进入审美接受和审美创造的自由境界。如何按照美的规律来塑造教师自身的人格形象、培养教师的高尚情操、提高教师的审美能力，直接关系到整个体育审美教育观的实施及其效应。

正如马克思所说："如果你想得到艺术的享受，那你就必须是一个有艺术修养的人；如果你想感化别人，那你就必须是一个实际上能鼓舞和推动别人的人。"可见，只有具备一定审美修养的人，他才能够感受审美对象，获得审美享受，并在享受中塑造自己的心灵，成为一个可以鼓舞和推动别人前进的人。

高尔基说："照天性来说，人都是艺术家，他无论在什么地方，总是希望把美带到他们的生活中去。"审美的素质是每个人都潜在具有的。挪威音乐学家罗尔·布约克沃尔德认为："人类的每一个成员都与生俱来地有一种伟大的创造性力量——有着本能的缪斯。本能的缪斯是人类生存和人类自我意识的基本源头。"本能的缪斯就是指本能地对艺术、对美的兴趣。这种本能的审美欲望与能力是一种审美潜能，而一个人的审美素质对于美的创造有着不可替代的作用。教育研究结果也表明教育者必须具备一种对美的精细的感觉。你必须热爱美、创造美和维护美（包括自然界的美和你的学生的内心美）。"魅力也是教师不可缺少的品质""在教育活动中重要的是使魅力激起积极的审美情感，这种审美情感能充分地促进教育客体和主体的相容性。"

因此，体育教师都应该有意识地提升自己的审美素质。一个缺乏审美修养和审美能力的人，是不容易进入审美体验状态的，也很难对事物生发美感。审美修养和审美能力是主体进入审美活动的先决条件。有了较高的审美能力，教师在教学活动中就可以对对象产生敏锐的感知力，才能够从知识、各种信息中迅速捕捉到美的形式、美的因素，并对其形式、结构中所蕴含的生命性意味具有较高的审美领悟。教师有了较高的审美修养和审美能力，就可以使自己迅速进入审美状态，这也会对学生这一审美主体产生激发作用，唤起学生的审美意识。

二、发现体育内容的审美因素

在体育的过程中，无论是基本的走、跑、跳、投，还是激烈的体育竞赛，或是寓教于乐的游戏活动，都存在着大量美的因素。著名雕塑家罗丹说："美到处都有，对于我们的眼睛，不是缺少美，而是缺少发现。"体育教师应该以审美的眼光看待教材中的内容，发现其中的美，欣赏其中的美，体味其中的美，然后再到课堂中引导学生，欣赏和分享这种美。体育课并不枯燥，而是有些教师把它上枯燥了。如果只是把丰富多彩的体育课以符号和知识点或是分解的单一动作灌输给学生，那当然是枯燥无味、无美可言了，所以我们应该把丰富多彩的体育还给学生，让他们自由地遨游在美的教育内容当中。如果教师对这一点视而不见，就会使学生逐渐失去对体育课堂的兴趣，甚至讨厌、远离体育课，在上体育课的时候也会敷衍了事，根本不会全身心地投入，这样的教育也就失去了意义。

所以，卢那察尔斯基曾说："不震荡、不牵动神经系统，甚至不能进行简单的宣传……不做到这一点，尤其不能进行教育。所以，要用教材的情感色彩去激励情感的亢奋，要用激情去诱发学生思想的变化，才能赋予领悟这一或那一外部影响的任何过程以富有教益的性质。""不应该把审美内容看成是教学过程附加的某种因素，或对理论材料的补充，对待科学对象的审美态度要具有重要的方法论意义。它有助于综合一些零乱分散的现象、特征、性质和迹象，捕捉它们之间和谐的联系，才能看到物体生动的完整性。"体育教师应该经常思考如何利用体育美把学生吸引到他所讲授的内容中，引起他们的兴趣。正如英国美育家雷德芬所说："如果哪位教师确实对美育感兴趣，就不要再用手支着头，入神地听某些人信口开河地大谈特谈什么艺术和创造性，而应该收敛思想，具体地考虑一下怎样在自己所教的科目和普通教育的其他科目中对学生进行美育。"要想以审美的方式把握教育内容，就需要根据实际的教育内容，把教育内容艺术化地展现出来，而且要把教育教学中美的知识信息充分挖掘出来，使教育教学的内容成为审美对象。

著名学者赵鑫珊将之视为"点金术"，他说："希望我们的教师能在课堂上随时向学生指出教学内容的美。因为那是一种'点金术'，是阿里巴巴叫开山洞大门的神秘符咒。"在体育教学中，教师将体育知识、技术与技能转变为审美对象，这会使课堂变成"美丽的花园"，使学生在学习体育知识、技术与技能的同时接受美的熏陶，促进其身心得到自由的发展。体育教学内容除了外部直观的美以外，还存在着一种内在的美。如果教师抓住这部分的美对学生进行引导，将取得极佳的教学效果。

在"二十四式太极拳"的教授过程中，有许多教师一上来就把二十四式太极拳的每一式分解开来，一个动作一个动作地教授，从起式教到收式，学生也只是机械地模仿、枯燥地练习，根本没有意识到太极拳动作背后的美感和文化底蕴。如果教师首先简明扼要地介绍太极拳和我国传统文化的关系，再讲解太极拳的技击原理以及整套动作的节奏，把整套太极拳当作一个整体，不是把重点放在动作的模仿和学习上，而是放在让学生感受和体验太极拳带来的我国传统体育的魅力和背后的文化意蕴上。那么，这样的体育教学对学生的影响将是不同的。所以，我们不应该忽视对教学内容美的因素的挖掘，只有将体育的内容纳入美的范畴，使学生进入一种轻松活泼、生动愉悦、和谐自由、具有创造性的学习情境中，同时使学生的思维融入整个教育教学的过程，才能激发学生探求新知的兴趣。学生通过这种美的教育教学内容的熏陶，就会逐渐形成对美的感受能力，从而对生活中各种美的事物和现象感到震惊、感叹、欣赏、热爱和倾慕，久而久之就会对事物产生探求、向往、追求的意愿和激情。

三、提升体育教育的审美化

体育审美教育既包括教师的教，又包括学生的学。学生的学习活动，是一种脑力与体力综合的重要活动，也体现着美，这是由学习的本质所决定的。

首先，学生的学习不是随意的、盲目的，而是受到一定的动机和目的支配。其次，学生的学习活动不是将教材的知识原封不动地移入大脑进行储存、保管，而是需要发挥人类的聪明才智，在知识的海洋中加以选择，然后经过积极的思维活动进行整合、内化，充实并更新自己的知识系统。这一复杂的过程需要充分发挥人的主观能动性，要求人的身心全部投入。再次，学生对体育的认识由不知到已知，从知之不多到知之较多，由掌握得不熟练到熟练，并通过一定的成果形式呈现出来。这些成果从本质上来说，是学习者本质力量的显现，所以学生的学习活动和人类的生产劳动一样，也是人的本质力量得以表达、确证的过程。同时，学生在学习的过程中享有自主选择的自由，在相当程度上可以自由地学习、探索、创造，从而获得精神和身体上的满足和成功的喜悦，可以说，学生的学习活动也是一种美的创造过程。

对于学习活动的审美，古来有之。早在两千多年以前，孔子就说："知之者不如好之者，好之者不如乐之者。"北宋教育家程颐曾描述过古代学生的学习："古人自八岁入小学，十五岁入大学，有文采以养其目，声音以养其耳，威仪以养其四体，歌舞以养其血气，义理以养其心。"字里行间充满着美的意蕴。明代王守仁极力主张学生彻底摒弃学习中的"厌苦之学"，享受其中的"自得之美"，提倡教师"顺情导性"，使学生"趋向鼓舞，中心喜悦"。近代倡导美化教育的蔡元培先生对此深有体会，"我们……读了一首诗，一篇文章之后，常会有一种说不来的感觉：四周的空气变得更温柔，眼前的对象会变得更甜蜜，似乎觉得自身在这个世界上，有一种伟大的使命。"当我们完成一个优美的动作，进行了一场激烈的比赛何尝不也是这样？这实际上就是一种美感的作用。体育教学中学习美的内容十分丰富，它体现在学习活动的各个方面，具体包括学习目的的审美化、学习对象的审美化、学习过程的审美化、学习成果的审美化。这些美的因素在具体可感的学习活动中相互渗透，相互作用，形成有机的统一。

四、促进体育过程的艺术化

苏联教育家苏霍姆林斯基曾指出："教育和教学过程有三个步骤：科学、技巧和艺术。"要想获得优秀的教育效果，达到全面育人的教育目的，就必须在追求教育科学性的基础上，讲究教育的艺术性。那么，什么是教育艺术呢？丰富的知识素养，特别是教师掌握知识的广度、深度和系统性，即教师的知识结构，都是教育艺术赖以生存的根基和前提。体育教师不仅要掌握体育知识，还需要掌握运动、人体、科学、生理、生化、解剖学知识，哲学、美学、历史、文学等人文社会科学也是必要的。教学方法是教育艺术的骨骼脉络，实施教学离不开一定的方法体系。灵感和热情是一切艺术的灵魂。古今中外的教育家都强调要使教学成为一件令人愉快的事情，其目的在于激发学生兴趣，使学生好学、乐学，喜欢并尽快接受所学知识。因此，成功的教育不能缺少情感。教学风格是教育艺术的个性化表现，是教育艺术与教师个性特征的有机结合，是教育艺术走向成熟的标志。教育艺术就是那种富有感情性、形象性和创造性的教育，它的含义应该是指教师在教学活动中，遵循教育规律，以自己独特的方式和方法，创造性地组织教学，并将知识与审美融合起来，使学生在愉悦中能高效率地学习。它是教师学识和智慧的结晶，是教师创造性地运用教学方式、方法的升华。

体育课是一门以技艺性为主，科学性、人文性、情意性兼备的课程。它的教学过程遵循教育学的一般原理，而它又是一门以技艺性为主的课程，因此它的教育艺术又与其他学科有所不同。将系统科学的基本原理与体育课程的这些特点相结合，从体育课教学的普遍意义上把握它的教学规律，可以广泛地运用到不同年龄、不同层次、不同地域、不同项目的体育教学中。所以，教育艺术的创造在于体育教师懂得在教学过程中激发学生的情感，体现运动项目的美学特征，并运用某些美学规律，把握教学实际，使体育课堂教学形成一种感情和艺术气氛，创造出最佳学习效果，并且使学生始终保持积极、主动、愉快的心情，在审美享受中接受知识，并且从体育教师的教学艺术中受到潜移默化的艺术感染和熏陶。"当教师更多地懂得了美的素质怎样进入人的生活，当他们能够有意识地来完善、扩展这种美的体验的方法时，他们也就踏上了教学艺术之路。"

美国教育家哈里·道认为教师是一种具有特殊才能的人，具有艺术表演天赋的教师才是真正的教师。

"学生们被一位真正的教师所吸引，所折服，以至追随他，就像观众对一位天才的歌唱家或演员所表现的那样。"

捷克教育家夸美纽斯称教学是"把一切事物教给一切人类的艺术"，"教育人是艺术中的艺术"。

"美的教育学"的创始人韦伯还强调："教育家者，亦即艺术家也。质而言之，即教育上之艺术家也。"

要把握教育的艺术，就要在教学中体现纪律、整体与和谐，把握简单而又深刻、富于个性与创造性等方面的内容。

后 记 ▶

课题完成了一个周期，但是课题研究远没有结束。

这个课题的研究仰之弥高，钻之弥深，在这个时代里，显然具有一定的创新性和先进性。

从课题研究的层面上讲，课堂教学、课外活动和校园文化是美育的三面旗帜，以活动为旗杆，引领美育建设的队伍前进。

从学生成长的层面来讲，美育的灵魂是为学生的全面发展奠基。

从校园文化的层面来讲，它营造美好的校园文化，是创造和享受美的文化教育过程。

通过课题的调查和实践研究，促进校园文化各层面美育功能的有效发挥，基本形成以课堂教学、课外活动以及校园文化等各个层面为一体的美育格局，实践校园文化的美育教化过程。

引导教师关注美育的渗透和融合，引导学生关注校园文化建设，在校园文化生活中认识美、感受美、体验美、创造美，形成和谐健康的校园审美观，发展和提高学生的审美能力。

课题研究的工作是琐碎和繁杂的。

我们制订了《加强学校美育课堂教学、课外活动、校园文化建设等相互渗透与融合研究》课题实施方案，做好课题组成员分工安排。

我们邀请了专家分析课题的研究、实践意义、研究方法、操作方法、可行性以及开展课题研究的方法。

我们做好了前期问卷调查准备，并开展问卷调查与分析。

我们搜集了相关资料，理清学校理念，进行课题理念的培训与交流。

我们确定了实验学校，收集相关学校美育渗透与融合的校园文化建设的课题研究资料。

　　我们以通识培训的形式同全体课题组教师交流课题概念及意义，鼓励课题组教师参与校园美育、校园文化渗透与融合研究。

　　我们接受了具体研究任务，通过搜索相关资料，比较不同的美育教学模式，结合调查问卷的分析结果，形成具有本地特色的美育教学、课外活动和校园文化的融合模式。

　　在研究过程中，感谢安徽省教育厅丁仁能、合肥市教育局姜昌根、谢华国、冯其宏、费维重、余洋、瞿玉林、董雅梅诸位的指导。也感谢课题组江乐霄、廖颖杰、丁昭、胡召霞、束夏梅、张中良、乔利荣、朱婷婷、王士春、杨梅艳、杨楠楠、韦永珍、吴蓉、李志武、张志良、韩勇、孙业春、蒋娟娟、张麟、朱力等老师的全力帮助。

　　祝诸位同仁与美同行，一生幸福！